全国热带农业科学家精神教育基地系列图书

热土耕耘

梁荫东 著

中国农业科学技术出版社

图书在版编目(CIP)数据

热土耕耘／梁荫东著．--北京：中国农业科学技术出版社，2023.5

ISBN 978-7-5116-6181-4

Ⅰ.①热… Ⅱ.①梁… Ⅲ.①热带作物-产业发展-中国-文集 Ⅳ.①F326.12-53

中国版本图书馆 CIP 数据核字(2022)第 250452 号

责任编辑　史咏竹
责任校对　马广洋
责任印制　姜义伟　王思文

出 版 者	中国农业科学技术出版社
	北京市中关村南大街 12 号　　邮编：100081
电　　话	(010) 82105169 (编辑室)　　(010) 82109702 (发行部)
	(010) 82109709 (读者服务部)
网　　址	https://castp.caas.cn
经 销 者	各地新华书店
印 刷 者	北京建宏印刷有限公司
开　　本	170 mm×240 mm　1/16
印　　张	16.25
字　　数	197 千字
版　　次	2023 年 5 月第 1 版　2023 年 5 月第 1 次印刷
定　　价	76.00 元

◄━━━ 版权所有·翻印必究 ━━━►

作者简介

梁荫东，男，1932年3月生，湖北孝感人，汉族，中共党员，副研究员，享受国务院政府特殊津贴专家。1952年8月毕业于湖北农学院（华中农业大学前身）植物保护专业，被分配到华南垦殖局（广东省农垦总局前身）工作，1957年调入华南热带作物科学研究所（中国热带农业科学院前身）植物保护系，先后任系业务秘书、办公室副主任、党支部书记，1964年调到院长办公室任学术秘书，此后，先后任"热作两院"（今中国热带农业科学院和海南大学）科教生产科科长，科研处副处长、处长，副院长。1978—1988年兼任中国热带作物学会理事会秘书长。1995年光荣退休。

热土耕耘

青年时期的梁荫东先生

青年时期的梁荫东先生夫妇

全家福

热土耕耘

1952年梁荫东先生（左一）被分配到华南垦殖局工作时与同事合影

1955年2月梁荫东先生（后排右二）参加粤西垦殖分局首届植保专业会议

1957年梁荫东先生（后排右一）工作调动到华南热带作物研究所时与同事合影

1980年梁荫东先生（中排右二）参加"热作两院"干部英语进修班结业

1981年梁萌东先生（左二）赴上海市农业科学院考察学习

1982年梁萌东先生主持热作气象会议

1982年梁萌东先生（前排左二）赴日本考察热带农业

1983年9月梁萌东先生（右五）与日本日绵株式会社代表团座谈

1983年梁萌东先生（第五排右十一）参加北京国际橡胶学术讨论会

热土耕耘

1984年梁荫东先生在乐东腰果园调研

1984年梁荫东先生（讲台旁站立者）在中国热带作物学会工作会议上

1984年梁荫东先生（后排左四）与农牧渔业部农垦局领导座谈合影

1988年梁荫东先生（右二）陪同海南省科技厅领导参观植物园

1990年9月11日，"热作两院"何康老院长、黄宗道院长（时任）与部分老同志合影，后排左一为梁荫东先生

1992年梁荫东先生（前排右七）参加"热作两院"后勤工作会议

1992年梁荫东先生（左三）赴泰国考察兰花种植技术

1994年梁荫东先生（中）赴湛江考查"三高"农业

1999年10月梁荫东先生（前排中间）赴杭州参加中国科学技术协会首届学术年会

2000年9月28日中国热带作物学会植物保护专业委员会、农业经济与信息专业委员会留影,前排右四为梁荫东先生

2004年9月梁荫东先生参加中国热带作物学会第七次代表大会筹备工作

2004年10月梁荫东先生(右二)参加中国热带作物学会第七次代表大会分会交流

2004年10月梁荫东先生在中国热带作物学会第七次代表大会上作工作报告

梁荫东先生与"热作两院"老领导在一起

《热土耕耘》

整理编校人员

刘国道　赵松林　刘　倩

白菊仙　陈开魁

出版资助单位

中国热带作物学会

序

光阴似箭。中国热带作物学会自 1963 年成立以来，已走过了 60 年。

在中国科学技术协会的坚强领导以及中国热带农业科学院的大力支持下，中国热带作物学会始终坚持"四服务一加强"的职责定位，团结带领广大会员和科技工作者，积极开展学术交流、决策咨询、专题调研、科学普及、技术培训、示范推广以及优秀人才培养举荐等活动，为推动热带作物科技创新、促进我国热区农业农村经济健康快速发展作出了重要贡献，具有广泛的影响力和凝聚力。

为了弘扬老一辈热带作物科技工作者艰苦奋斗、乐观向上、顽强拼搏的精神，进一步强化学会的组织建设和能力建设，持续深化治理结构和治理方式改革，加快提升学术引领力、会员凝聚力、社会影响力以及自我发展能力，更好地服务于广大会员和热带作物科技工作者，支撑引领热带农业科技创新、学科发展和产业转型升级，现将中国热带作物学会首任秘书长梁荫东同志撰写的《热土耕耘》整理出版，以作纪念。

1952年，梁先生从湖北农学院毕业后分配到华南垦殖局，投身到发展天然橡胶业的事业。1957年，梁先生调入华南热带作物科学研究所（中国热带农业科学院前身），先后任植物保护系业务秘书、办公室副主任、党支部书记。1964年调院长办公室，任学术秘书。此后，先后任"热作两院"科教生产科科长，科研处副处长、处长，副院长。1978—1988年兼任中国热带作物学会第一、第二、第三届理事会秘书长，为筹划成立中国热带作物学会，召开第一、第二、第三次学会全国代表大会做了大量的组织和策划工作，作出了重要贡献。在中国热带作物学会工作期间曾获农牧渔业部和中国农学会兼职干部先进工作者表彰。曾主编《中国热带农业科学院·华南热带农业大学志（1954—1998年）》，并且是《中国热带作物栽培学》（1998年版）副主编。

　　《热土耕耘》是梁先生长期从事科研管理并兼任中国热带作物学会理事会秘书长工作期间以及退休后陆续写的文章。这些文章或为梁先生独著，或为梁先生作为第一作者撰写。本书反映了一位第一代"热作两院"人的活动历程，是我国热带作物事业艰苦、曲折、辉煌历程中的一朵浪花。它记录着以梁先生为代表的一代人在这片热土上辛勤耕耘的足迹，现整理出版留作纪念。

中国热带作物学会第十届理事长　刘国道
2023年2月

前　言

1952年，我从湖北农学院毕业后分配到华南垦殖局，加入了发展天然橡胶事业的行列。1957年调到华南热带作物科学研究所。1958年研究所从广州迁到海南省儋县（今儋州市），与同期创办的华南热带作物学院结合在一起（简称"热作两院"或"两院"），为以橡胶为主的热带作物事业提供科技服务并培养科技人才。从此，我把毕生的心血奉献给了这项事业，落户海南，海南成为我的第二故乡。

我在科教单位工作了几十年，长期从事科研管理，并兼任中国热带作物学会秘书长的工作，陆续写了些文章：一是对科研管理的体会与认识，陆续发表在一些刊物上；二是参加一些专业学术会议，撰写了考察报告、学术论文，在学术讨论会上交流；三是接受任务编写事业发展的史料，这项工作主要是在退休后进行的。现在，把它们整理汇编成文集。本书中有几篇与他人合作的文章，都是我作为第一作者所写的；另有部分文章我只是参与写作，因此均未收入本书。由于这些文章是在不同时间根据不同目的撰写，其背景材料难免有重复。个别文章内容，时过境迁，情况发生很大变化，因为是历史，也就都保留下来。书后还收录了我退休后所作的部分书法作品。

我们所处的时代是大发展大变革的时代。在时代的浪潮中，我们经受了历练与洗礼，也留下了难以忘怀的记忆。本书反映了一名第一代"热作两院"人的活动历程，这也许只是时代浪潮中的一个浪花，但它记录着我们这一代人在这片热土上辛勤耕耘的足迹，现整理出版留作纪念。

梁荫东

2011 年元月

目 录

"儋州立业，宝岛生根"五十年

  ——中国热带农业科学院和华南热带农业大学的

    历史发展 …………………………………………（1）

中国热带作物科学技术的发展历史与成就 ………………（35）

为了发展我国天然橡胶和热带作物事业

  ——历史回忆片段 ………………………………（63）

我参加天然橡胶发展最初的抗灾活动 ……………………（73）

一次明确天然橡胶选育种工作方向的会议 ………………（77）

热带作物植物保护工作现状及今后工作意见 ……………（80）

加强开发研究是当前科技管理的一项重要任务 …………（95）

改善和加强科研管理，坚持为经济建设服务 ……………（104）

科研单位创办经济实体的实践与认识 ……………………（115）

从我国热带作物科教事业的发展看社会主义的优越性和

  改革的必要性 …………………………………（124）

市场经济与我国天然橡胶业 ………………………………（130）

发展我国热带作物产业基本对策的思考 …………………（137）

加强科技创新，开拓我国天然橡胶发展的新里程

  ——巴西橡胶引进中国100周年 …………………………（152）

农业产业化，农村城市化，农民知识化

  ——海南农业现代化之路 ………………………………（164）

对海南岛开发现状的评价及大农业建设的意见 ……………（172）

依靠科技进步提高海南热带作物生产水平 …………………（185）

发展农业科技产业，加速海南热带农业现代化 ……………（195）

建设生态农业，实现海南热带高效农业可持续发展 ………（202）

大改革大开放大建设中的海南热带作物业 …………………（209）

海南大特区科技兴农考察报告 ………………………………（218）

我国天然橡胶及其科教事业发展60年 ………………………（229）

格　言 ……………………………………………………………（230）

附录1　中国热带农业科学院科研机构名称对照表 …………（231）

附录2　未收入本书的其他文章与著作名录 …………………（232）

附录3　书法作品 …………………………………………………（236）

"儋州立业，宝岛生根"五十年[①]

——中国热带农业科学院和华南热带农业大学的历史发展

"儋州立业，宝岛生根"是1960年1月9日敬爱的周恩来总理到华南热带作物科学研究所和华南热带作物学院（以下简称所院）视察时的亲笔题词。当时所院正处在极其困难的时候，周总理的题词不仅在当时坚定了所院科教员工战胜困难、扎根生产中心的信心，而且时至今日仍然鼓舞着"两院"人献身热带作物事业。时间已过去了半个多世纪，原来的华南热带作物科学研究所后来发展成为华南热带作物科学研究院，人们习惯将其与华南热带作物学院合称为"热作两院"，或简称"两院"。1994年华南热带作物科学研究院改名为中国热带农业科学院，1996年华南热带作物学院改名为华南热带农业大学。中国热带农业科学院是农业部[②]直属事业单位；华南热带农业大学2000年下放海南省，实行部省双重领导与共建。经过50年的发展，"两院"从主要以橡胶研究为主的科研教学单位，发展成为综合性热带农业科教基地和学术中心。如今，"两院"又面临着新的发展和重新整合的新形

[①] 本文是笔者于2007年在1999年初稿的基础上进行了补充修改。在修改过程中，得到林火生、肖敬平、陈河楷、韩泳丰等同志的帮助，提出了修改意见，肖敬平同志还补正了几处史实，在此一并致谢。

[②] 中华人民共和国农业部，为国务院原组成部门之一，简称农业部。

势：2007年年初，海南省政府决定，华南热带农业大学与海南大学合并。在院校即将分开之际，回顾"两院"半个世纪艰苦奋斗的历程，为曾经共同奋斗过的"两院"人记录下这段难忘的历史，也许是有意义的。

一、在严峻的国际环境和特殊历史条件下，为发展我国橡胶事业而创办

"两院"最早的名称是华南热带林业科学研究所。它是在中华人民共和国成立不久，国家急需橡胶的紧迫形势下创办起来的。橡胶和钢铁、石油、煤炭是现代工业社会四大重要原料，当时的13个社会主义国家都需要橡胶，但都遭到禁运。当时的社会主义国家中能够种植橡胶树的地方，只有中国南方几个省区。越南南方虽然也可种植橡胶树，但当时还没有解放。根据当时苏联领导人斯大林的建议，1950年我国同苏联签订了《中苏联合发展天然橡胶的协议》，由苏联提供资金、森林开垦机械，中国提供土地和劳动力，在中国华南地区建立橡胶生产基地。1951年，受周恩来总理委托，陈云同志主持召开中央人民政府政务院第100次会议，通过了《关于扩大培植橡胶树的决定》。1951年9月，陈云同志和当时的中共华南分局第一书记叶剑英同志主持召开了筹建橡胶生产领导管理组织机构的工作会议。1951年11月20日，华南垦殖局在广州沙面成立，由叶剑英同志兼任局长。1952年3月，政务院①和中央军委决定抽调2万名中国人民解放军官兵组建林业工程

---

① 中央人民政府政务院是中华人民共和国成立初期国家政务的最高执行机构，简称政务院。1954年9月，中华人民共和国国务院成立，政务院结束。

一师、二师和独立团，开赴广东粤西①、海南和广西②合浦（当时属广东），参加垦荒植胶工作。苏联也运来了机械（主要是拖拉机和汽车），派来了专家。在华南地区组建了大批国营农场，林业部③组织了全国有关高等院校农林专业的师生1000余名，在叶剑英同志的指挥下到华南地区勘察、规划，选择橡胶种植基地。揭开了大规模发展天然橡胶的序幕。

根据中共中央发展橡胶业的决定精神，为了解决橡胶生产栽培和加工中的科学技术问题，林业部1952年年底决定以原广西桐油研究所和重庆工业试验所橡胶组的人员和设备为基础，并从全国各地有关高校和科研单位抽调专家、科技人员筹建热带作物科学研究机构，经一年的筹备，1954年3月1日正式成立于广州，定名"华南热带林业科学研究所"（以下简称研究所），隶属华南垦殖局领导。华南垦殖局副局长李嘉人兼任所长，副所长为乐天宇、彭光钦、林西。同时，将海南垦殖局那大试验站划归研究所，作为海南试验站。随后又在粤西徐闻、广西龙州分别成立徐闻试验站和龙州试验站。筹备期间研究所开始组织研究人员赴垦区进行考察，摸清垦区的环境特点和原有老橡胶园橡胶树生长情况。随后逐步开设专题研究。

随着国际形势的变化，我国和锡兰（今斯里兰卡）签订了橡胶贸易协定，我国进口橡胶有了通道。而第一批大发展中种植的橡胶树，迫于当时的国际形势，任务紧急，根据"先内陆后海南，先草原后森林，先平原后丘陵"的种植方针，大多种在粤西以及海南北部草原地区，受到风寒为害严重。1953年，时任苏联林

---

① 粤西行政区，广东省已撤销的行政区，在今广东西部。
② 广西壮族自治区，全书简称广西。
③ 中华人民共和国林业部，为国务院原组成部门之一，简称林业部。

业部副部长的戈尔丹诺夫一行三人，会同我国林业部特种林业司司长何康、华南垦殖局副局长易秀湘赴海南考察。斯大林逝世后，苏联新领导人修改了合作协定，撤走了大批机垦专家，改派育种专家叶尔马可夫来华。中共中央决定实行"大转弯"，将种植橡胶树的重点区域转移到海南，同时调整了橡胶业发展速度和规模，提出了"提高质量，增加生产，改善经营，降低成本，稳步前进"的方针。从单一种植橡胶树调整为以橡胶为主、农林牧结合，实行多种经营。管理归口也从林业部转到了农业部，研究所也改名华南亚热带作物科学研究所。1955年11月，全国农业科研工作会议讨论了热带资源开发问题，要求研究所以研究橡胶为主要任务，大力开展热带经济作物的研究，并把服务范围从华南扩大到西南热带、南亚热带地区。1956年，研究所彭光钦副所长带领有关专家出席全国制定12年科学发展规划会议，承担了橡胶研究的国家重点任务，全面开展各项研究工作。同年，中共中央成立了农垦部①，王震同志任部长，华南垦殖局和研究所都从农业部划归农垦部，并将研究所转为农垦部直属，改名为华南亚热带作物科学研究所。农垦部还要求研究所下迁到海南热带作物生产中心，结合生产开展研究。林业部特种林业司何康司长调任研究所所长。同时，调动许成文、肖敏源、肖敬平、孔德骞、郑学勤、王建群6名科技人员到研究所工作，以加强研究所的科技力量。华南垦殖局李嘉人副局长不再兼任所长，原来的副所长乐天宇因病已调回了北京，林西副所长调到广州市任职，华南垦殖局又调来一名副所长武树藩。在确定调何康任所长后，又调来原西联农场场长、党委书记吴修一、龚硕蕙夫妇，以加强研究所的领导力量。研究所的发展进入了一个新的时期。

---

① 中华人民共和国农垦部，为国务院原组成部门之一，简称农垦部。

二、艰苦奋斗，在不断战胜自然灾害和纠正人为失误中艰辛发展

1957年年初，何康、吴修一、龚硕蕙先后到职。研究所成立了党组，何康同志任党组书记，党组成员有武树藩、吴修一。吴修一分管计划，龚硕蕙任机关党支部书记。新班子建立后，研究所开始了新的征程。

（一）贯彻农垦部搬迁研究所的决定

一方面，加强试验站，扩大试验基地。抽调了一批科研骨干到海南和徐闻试验站工作。刘松泉到海南站任站长。在海南农垦局的支持下，从西庆农场划进两个生产队，扩大海南站的试验基地和规模。庞廷祥到徐闻站任副站长。在粤西农垦局的支持下，将徐闻站从徐闻迁到湛江湖光岩，并由湖光农场划出土地，建立了约470公顷的试验基地，改名为粤西试验站。派田之宾、温健等到海南万宁筹建兴隆试验站，开展胡椒、咖啡、可可等热带作物的研究和引种。将广西龙州试验站划交广西农垦局。

另一方面，搬迁研究所到海南橡胶生产基地。研究所在1954年成立时，曾讨论过所址，拟建在海口五公祠附近。但专家们，包括帮助筹建研究所的苏联专家都认为，科研机构离不开现代化水电设施、交通信息，最后选定建在广州石牌。研究所远离了自己的研究对象，试验工作确有诸多不便。这种状况与当时强调理论结合实际、知识分子同工农相结合的要求也不适应。1957年，王震同志赴日本考察途经广州时，又召集专家们座谈，动员下迁，所以研究所的搬迁已势在必行。在整风运动后期，研究所派出陆

行正、缪希法、朱荣耀到海南勘察所址。在选址过程中曾有过海口、那大等几种提议，经多方论证，选定在儋县（今儋州市）宝岛新村。为什么选在这个地方呢？

一是在垦区具有代表性。儋县位于海南西北部，温度虽不及南部保亭①等地高，冬季偶有低温寒潮影响，但台风发生频率低，风害较轻。在我国热带北缘地区具有一定代表性。

二是儋县有 8 个国营橡胶农场，是橡胶生产最有利的地区之一，也是海南最大的橡胶树种植县，有利于科研同生产结合。

三是研究所原来的海南试验站就在其北面，有相当规模的试验基地、简易工作用房和住房。研究所在搬迁过程中有落脚之地，且可同新址连成一片。

1958 年 4 月 1 日正式搬迁，全所 200 多名职工，由何康所长和武树藩副所长带领，分别乘汽车和轮船分两路赴海南。除橡胶北移研究组留在广州继续开展研究，2 名电工因不愿迁居海南而在广州另找工作外，全所专家、教授和职工义无反顾地离开了繁华的广州，来到了宝岛新村。仅留下 100 多名家属子女，准备在新址盖出一批住房后再搬迁。

（二）与华南农学院联合创办华南农学院海南分院

在研究所准备搬迁时，所长何康同志就曾设想，研究所搬到生产基地，应参照美国贝尔茨维尔（Beltsville）农业科学城的做法，把科研与推广结合起来，根据我国实际开展热带作物高等教育。1958 年，我国热带作物领域开始了新的发展。华南农学院在广东省各专区创办分院，其海南分院因人力不足，准备推迟创建。得此消息后，何康同志立即与华南农学院领导杜雷院长联系，并

---

① 保亭黎族苗族自治县，全书简称保亭。

与正在华南农学院检查工作的农业部高教局邢副局长共同研究，商定由研究所与华南农学院联合创办海南分院，与研究所建在一起，相互依托。当时华南农学院派出了由李锦厚副教务长带领的7名教师，并将刚从沈阳调回华南农学院的我国著名柑橘专家钟俊麟教授借调来研究所，主管教学工作。在海南行署的领导与大力支持下，当年挂牌招生。本科设橡胶栽培、热带作物栽培、热带作物加工3个专业。另设干部进修班和工农预备班，其中，干部进修班培养农场领导，工农预备班招收工农学员，学习一年文化后进入本科。海南党委还调来副书记林令秋及4名行政干部，以加强学院工作。所院开始了其艰苦创业的历程。

（三）披荆斩棘，艰苦奋斗，改善科研、教学工作与生活条件

新所院址距儋县县城12公里①，距离海口150公里，除了周围有几个农村和几片零星橡胶园外，全是荒山野岭。"宝岛新村"是我们迁来后，为了对外联系与沟通，发动群众讨论起的名字。随后在人民公社化运动中，所院周围农村成立人民公社也据此命名为"宝岛人民公社"。从此，宝岛新村在海南的地图上占了一席之地。

在宝岛新村的荒山野岭上创建所院，一切从零开始。在当时严格的计划经济体制下，又地处农村基层，远离城镇，没有社会依托，各种重要物资、科教仪器设备，以及人们生活所需的粮油、副食品供应，完全靠自己组织订购、转运或生产。科研、教学及生活设施，全靠自力更生、白手起家建设起来。

第一，自盖房子，"草房大学"上马。学院开办，当年招生，要在1958年9月开学，原广州的房屋也要在9月前交给新创办的

---

① 1公里=1千米，全书同。

华南化工学院开学使用,留在广州的职工家属子女必须在此之前撤离。宝岛新村的建设,完全靠国家安排建筑公司已来不及,只好组织职工自己动手。首先盖起16幢茅草房,作为学生食堂、课室、图书馆。1958年9月18日,当时被戏称为"草房大学"的华南农学院海南分院正式开学。为了加快基建速度,成立了自己的工程队,烧砖瓦、砍木材……至年底盖起一批简易砖瓦平房,职工和家属有了安身之地。随后建起科研和教学大楼,科研教学有了基本场地。

第二,组织副食、杂粮生产,弥补供应不足。所院办在农村,各种供应本已困难,随后进入3年困难时期。1959年职工粮食定量每月只有19斤①,大学生每月粮食定量也才22斤,要搭配番薯干、木薯干才能勉强够吃。供应的粮食有时是倒仓的大米,有时没有大米,只有稻谷,要自己运输回来加工。甚至出现过因公路不通,运粮车受阻,粮食不能及时运回而无米下锅的窘境。为了填饱肚子,所院只好动员职工包括研究员、教授上山挖野菜充饥。其他副食品基本没有供应。为了满足大学生和职工的基本生活需求,所院自己建立了副食品生产基地,种菜、养猪,为职工和大学生提供副食。在特别困难的1960年,响应中共中央大办农业的号召,动员职工、大学生生产粮食(杂粮)、蔬菜,以此补充国家供应不足,渡过难关。好在所院自己有土地,加上海南优越的气候条件,农作物种下去3个月就有收获。

第三,辛苦劳动,收集薪柴。海南不产煤,所院生活用燃料无论集体或个人,都靠到山上捡柴、砍柴。集体食堂派出职工到山上砍柴,附近没有了,就派出车辆到远处去拉。各家各户则靠自己上山拾捡薪柴。所以每逢节假日,所院职工包括教授、研究员

---

① 1斤=0.5千克,全书同。

很多都忙着上山捡柴。每次台风过后更是各家各户都全家出动，砍捡断倒橡胶木。为了节省用柴和寻找替代品，有的同志还创造了省柴灶和一种用锯木屑等夯实制成的拢糠灶，可用木屑代替煤炭作燃料。这种状况一直持续到改革开放后，大多数科教人员和干部才逐渐用上煤炭和煤气。

第四，建立社会服务系统，创造科研、教学、生产和生活需要的社会环境。1960年，所院接收了一批退伍军人，职工人数猛增到2000多人；学院也扩大专业，增加招生，大学生增多；再加上一大批职工家属子女，总共3000多人。从衣食住行到生老病死，所需要的社会服务系统都要靠自己创办。从托儿所、幼儿园、小学到中学，以及医疗卫生机构，都逐步建立起来。水电设施也是从小到大发展起来。刚搬来时用的是煤油灯，买来第一台发电机功率只有5千瓦，用于晚上2个小时的照明，之后逐步增大到25千瓦、50千瓦、80千瓦……后来建设了发电厂，修建了水电站。用水最初是挖井，所院领导亲自带领后勤人员寻找水源，挖一口井不够，再挖第二口，再发展建水厂。原来远离城镇，发邮件、电报都要到12公里外的那大。在地方政府的支持下，宝岛新村建立了邮电、银行、书店、粮站等机构，一个社会功能基本配套的小社会逐步形成起来。

1959年，华南农学院在各地的分院相继下马。1959年2月14日，广东省委召开加速开发海南和湛江热带地区的座谈会，王震同志参加了这次会议。会议传达了周恩来总理关于开发海南、发展橡胶等热带作物的指示精神。根据华南农学院撤销各地区分院的形势，会议决定华南农学院海南分院由农垦部接管。经教育部①批准改名为华南热带作物学院（以下简称学院）。

---

① 中华人民共和国教育部，简称教育部。

学院成为世界唯一的面向热带、南亚热带地区，培养热带作物专业人才的高等院校。

（四）改革创新，不断探索科研、教学、生产三结合新体制

学院开始创办时，教师严重不足，教学设备完全没有，学院要开办起来，只有调动研究所的力量。为此，所院领导采取了大胆的改革措施。

一方面，改革科研机构，适应教学需要。将研究所原来按学科设置的研究室改为以作物为对象多学科综合研究的机构。当时各个研究室正在建立自己的试验基地，所以把基地建设也归到一起，由科教系管理，实行科研、教学、生产三结合。所院成立了橡胶栽培、热带作物栽培、热带作物产品加工、热带农学和综合技术5个系和图书情报室，承担科研和教学两方面的任务。同时提出"一统四包三结合"的工作方针，即在党委统一领导下，科教人员包科研、包教学、包生产、包推广，真正实现科研、教学、生产三结合。例如，当时从事研究的彭光钦、尤其伟、何敬真、陆大京、曾友梅等研究员都曾担任教学任务或主持教学工作。这样才保证了科教工作的顺利进行。但这种做法在实践中也出现了一些矛盾和问题。主要是科研、教学和生产都有各自的特点和规律，科教人员，特别是教学人员变动太多，不利于自身经验的积累和骨干队伍的形成，影响教学质量提高。科研人员也不能专心致志坚持研究，不利于国家重点科研任务的完成。因此经过一段时间实践后，在组织机构上进行了调整，将科研、教学机构分开，各自成立研究系与教学系。党政后勤部门仍然统一在一起，但人员明确分工，院领导也明确分工，各有侧重。用"一主二副三结合"代替了"一统四包三结合"。明确研究所以科研为主，兼顾教学与生产；学院以教学为主，兼顾科研与生产任务；试验农场以生产为主，保证科学试验和教学实习任务的完成。各部门相互协调配合，做到何康所长所说的"分而不离在于统"（统一领导），"合而不混在于专"（业务工作专人管理），使三结合体制向前推进一步。

另一方面，加强基础工作，不断提高科研教学质量。1960年，学院已发展有6个系6个专业和6个定向培养方向。1961年中共中央提出了"调整、巩固、充实、提高"的八字方针，随后又制定了"科研14条""高教60条"。为了贯彻中央方针和科教条例，针对贯彻"一统四包三结合"中出现的问题，根据科研和教学工作各自的特点，加强基础工作。

一是加强教学工作。由于学生增多，教学规模扩大，为了保证教学工作顺利发展，提高教学质量，在党委领导下，专门成立学院工作组，由吴修一副书记任组长，成员有项斯桂、李恒春、郭善庆、吴妙明、马放等。除重大问题须经党委讨论外，一般问题均由工作组独立处理，包括后勤服务工作在内。加强基础课和实验课教学，减少大学生劳动时间；取消教师坐班制，减少教师参加与教学无关的会议；组织科教人员编写教材，系统地总结我国橡胶树栽培的经验，编写出《中国橡胶栽培学》《热带作物栽培学》，并组织科教人员将60多万字的《马来亚橡胶栽培手册》翻译出版作为参考。

二是改善科研工作，开展深入系统的研究。围绕橡胶树速生高产中出现的重大问题，系统地布置了各项试验。同时，加强基础性工作，保证科研人员有5/6的时间用于科研。在注重大田试验的同时，积极开展实验室的分析测定。建立培养一支具有熟练操作技能的技术员和技工队伍，做好大田和实验室的测试、观察与记录。

三是加强科教人员基础培训。开办外语培训班和试验操作技术的培训。除要求能阅读英语专业文献外，按其专业分别掌握芽接、授粉或割胶技术。经过一段时间的工作，科研和教学工作建立了良好秩序，取得很大进展，质量显著提高，工作、生活条件也有明显改善，为以后的发展创造了条件，更为后来出成果、出人才打下扎实的基础。

四是加强试验基地的建设与管理。试验基地是"两院"重要组成部分，也是科研、教学的重要条件。研究所迁下后十分重视基地的建设，争取多方支持，扩大基地规模，土地面积达到4万余亩①。开创时期派科研人员兼任试验队长，以加强试验基地的建设与管理。许成文、邓励教授等都曾兼任过试验队长。1961年统一组建试验场，建场以后又先后多次派科教人员到试验场任场长或党委书记。其中，如潘衍庆兼任过试验场总支书记，陈河楷曾在试验场任职多年。驻外地的研究所也有相当规模的基地，如南亚所、椰子所都有土地6000~7000亩，香饮所约600亩，全院试验基地共约6万亩，这在全国农业科研单位中很少见。

（五）支援垦区热带作物科研机构，开展合作研究，共同攻关

随着以橡胶为主的热带作物业的发展，广东、云南、广西、福建等垦区相继成立了研究机构，而这些单位大多是地处农村，交通不便，信息不灵，除广东外，其他省区科技力量比较薄弱。所以，在研究所下迁时，派出了16人，1960年又派出30人到云南和广西，支援他们的科研机构。同时，研究所先后接受福建、广西派来40名科技人员在本所跟班学习，帮助兄弟单位培养热带作物科研人员，以加强这些省区的科技力量。同时，在研究工作上，建

---

① 1亩≈667平方米，全书同。

立与四省区热带作物科研机构的联系与合作。对橡胶重大科研项目组织联合攻关，交流进展情况与经验，派出科研人员协助各垦区进行资源考察，为橡胶等热带作物发展提供依据。1960年，何康所长带领广西壮族自治区亚热带作物研究所、福建省热带作物科学研究所、华南植物研究所参加的考察队对云南进行了一个月的考察，为云南今后的发展提出系统意见。随后又派出专人到贵州、福建考察，或参加当地组织的考察，为这些地区的发展提供依据。研究所下迁之前的1958年1月23日，在广州召开云南、广西、福建热带作物试验场站工作座谈会，下迁后几乎每年何康同志参加中共中央重要科技会议后都要召集相关各省区的同志开会，传达会议精神，研究贯彻落实措施。1960年1月10—27日在华南热带作物科学研究所召开了科技工作会议，除热带作物垦区六省区（广东、云南、广西、福建、四川、贵州）热带作物科研机构外，中国科学院土壤研究所、植物生理研究所、地理研究所，华南植物研究所，包括学部委员李庆逵在内的有关专家参加了会议。化工部①、轻工部②所属科研单位及有关高等院校97个单位178人参加了会议。何康同志传达了国家科委③科技工作会议精神，提交了题为《开展全国大协作，生产、科研、教学拧成一股绳》的会议论文。讨论了年度科研计划和长远规划。对各省区热带作物科研课题、作业计划提出了意见和建议。会议还讨论了科技情报工作、建立热带作物科技情报网等事项。

---

① 中华人民共和国化学工业部，为国务院原组成部门之一，简称化工部。

② 中华人民共和国轻工业部，为国务院原组成部门之一，简称轻工部。

③ 中华人民共和国国家科学技术委员会，为国务院原组成部门之一，简称国家科委。

1962年农垦部刘型副部长在湛江主持召开垦区热带作物所站长会议,提出华南热带作物科学研究所对各所站进行业务指导。1965年研究所扩建为研究院时,农垦部明确要求研究院承担对各所站的技术指导任务。通过多年来与各所站开展业务活动,逐渐形成了以"两院"为中心的热带作物科研体系。

(六）开展技术培训,提高生产干部科技水平

橡胶发展初期,除中华人民共和国成立前留下的胶园员工和归国华侨中有少数懂得种植橡胶树外,绝大多数农场职工和管理干部都没有种植橡胶树经验。加强技术培训,迅速提高他们的科技水平,是生产顺利发展的重要保证。所以,在积极策划筹建学院的同时,大力开展短期培训工作。据统计,1957—1960年研究所开办培训班24次,1330人参加学习。以后又接连不断地同生产部门合作开办或研究所单独开办培训班。

其中,重要的培训班有:1958年开办选育种培训班,1962年举办场长生产技术培训班,1963年举办橡胶无性系形态鉴定进修班,1964年与海南农垦局联合在"两院"开办化学除莠训练班,1965年与广东农垦厅联合开办选种培训班,等等。

(七）组织科技人员,"下楼出院"开展样板田活动

1964年,中共中央决定开展以丰产为目标的农业样板田活动。海南以橡胶为主的热带作物是全国十大样板之一。儋县8个国营农场是橡胶样板的主要基地。为了建设好样板,研究所派出科研人员参加海南农垦局组织的工作组,对8个农场进行土地综合利用、林段四化、抚育管理等方面的规划,并提出相关建议。同时组织科研人员"下楼出院",根据自己的专业分散到各个农场、公社蹲

点建立专业样板。

其中，橡胶系主任黄宗道带领育种、栽培、土化、割胶等专业科研人员到西庆农场，与工人实行"三同"（同吃、同住、同劳动），总结生产经验，推广科研成果，结合生产开展科学试验。黄宗道主任在同工人劳动中，发现了先进胶工邓尧的"三看"（看物候、看天气、看产胶）割胶经验，将此总结成为"割、管、养"系统经验。对此，海南农垦局十分重视，王昌虎局长认真分析了"割、管、养"的经验后，将其顺序调整为"管、养、割"，并将这一经验总结为我国有特色的胶园丰产综合技术，在海南垦区大力推广。橡胶系副主任肖敬平和张蔚寺在西庆场创造队搭棚住在林段研究产胶规律，进一步用产胶生理动态分析阐明了割胶与养树的关系，为"三看"经验的推广提供了理论依据。邓励教授带领椰子研究组在文昌县（今文昌市）建华山样板点，总结椰农改造老椰园的"五养"（以山养园，消灭荒芜；以农养园，合理间作；以海养园，利用海藻、海泥施肥；以园养园，种绿肥、覆盖；以牧养园，椰园放牧）经验。1965年9月5—8日，海南行署在东郊公社召开椰子生产现场会，各县五料局①、重点公社领导参加，椰子样板组作《椰子生产技术措施》报告，提出了留种、育苗和管理技术规程。研究所还派出许成文教授带领郝永路、胡耀华等参加工作组，到云南的橡胶农场创办样板田。据统计，当时全所160人下到农场和公社开展样板工作。

（八）扩建研究所为研究院

1964年，根据农垦部的指示，研究所的加工系迁到湛江，与

---

① 1961年海南的外贸基地局更名为五料局，1973年改称热带作物局，1984年又与社队企业局合并称乡镇企业管理局。

广东农垦厅的加工设计室合并组建华南热带作物加工设计研究所。广东农垦厅的机械化研究所也从广州搬到湛江湖光岩，将华南热带作物科学研究所的机械化研究组并入该所，改名为华南热带作物机械化研究所。两个研究所均直属农垦部。1965年，华南热带作物科学研究所扩建为研究院后，华南热带作物加工设计研究所和华南热带作物机械化研究所重新回归研究院，成为研究院下属的研究单位。

（九）参加"四清"运动

1964年开始，在全国农村开展"四清"运动。根据国家干部都要参加"四清"的要求，"两院"党委副书记林令秋带领一支主要由党政后勤干部组成的队伍到澄迈县参加"四清"运动。随后何康所长带领主要由科教人员组成的工作队，到海南东兴农场参加"四清"运动，历时一年有余。同时，还派出梁荫东、赵灿文先后参加中南局科委组织的科研单位"四清"运动。

（十）历次政治运动和"文化大革命"的冲击

1957年整风运动过后，武树藩同志调往新疆石河子农学院。1966年开始的"文革"，给"两院"也带来了冲击，军代表入驻"两院"，八一农场工人宣传队也进驻"两院"。1969年，广州军区成立生产建设兵团，农垦和"两院"都由兵团接管，军代表和工人宣传队即行退出。兵团进驻后，下放人员占科教人员和管理干部人数的70%，仅留少数人员在院看管资料、器材、设备物资。院属所站分别划归兵团有关师领导。其中，加工所、热机所、粤西试验站划归八师；加工所改为试验站；热机所基本拆散，机械设备调给九师机械厂；兴隆试验站下放给二师，成为二师试验站。

人员下放不久，中央农垦、林业、卫生、医药、商业、财政六个部门联合下文，要求"两院"开展南药研究，于是将刚下放到东兴农场的何敬真、丁慎言等抽调回来，成立南药研究组，到试验场八队同工人相结合，进行南药研究。

1970年8月，兵团将"两院"改为兵团热带作物学校，开办各类短期培训班，为兵团培养基层技术人员，并陆续从下放农场抽回部分科教人员回校任教。1972年成立兵团热带作物研究所，受热带作物学校领导，原加工所也同时收回成为研究所的加工试验站。当年12月，广东省革命委员会下文恢复华南热带作物学院名称，受广东省和兵团双重领导，教学业务由省统一管理。

1973年年初，国家计委①等部门决定恢复原华南热带作物研究院和热带作物学院，其所属研究所、试验站也陆续回归研究院，受广东省和兵团双重领导。学院开始招收工农兵学员。1974年6月，国务院、中央军委决定将生产建设兵团移交广东省。接着广东省成立农垦总局，"两院"由广东省农垦总局领导，何康调广东省农垦总局任副局长，并兼任"两院"核心小组和领导小组组长。1979年国家农垦总局通知，华南热带作物科学研究院（含在湛江的加工所、热机所、粤西试验站）、华南热带作物学院为受农垦总局和广东省双重领导，以农垦总局领导为主的部属局级单位，至此，"两院"完全恢复"文革"前的领导体制，走上稳定发展的道路，进入了新的历史时期。

---

① 中华人民共和国国家计划委员会，为国务院原组成部门之一，简称国家计委。

三、改革开放中不断创新、扩大，向综合性、高层次发展

党的十一届三中全会后，中共中央决定全国工作的重点转向以经济建设为中心，实行改革开放。中共中央接连召开了科学大会和教育工作会，科技、教育提到了重要位置。"两院"贯彻党的科技、教育改革方针，采取了一系列改革措施。

（一）调整科研方向和任务

一方面，面向经济建设，扩大研究范围。随着市场经济的发展，广大农垦生产部门普遍进行了生产结构的调整，面向市场经济发展多种生产。为此，"两院"的研究工作也必须进行相应调整，研究范围从加强多种热带作物，逐步扩大到热带园艺，进而发展为综合性的热带农业研究机构。

另一方面，充实、加强科研机构力量。1979年将院属各研究系改为研究所。在海南农垦局的支持下，从农垦橡胶研究所划出一片土地建立椰子试验站（1984年改为研究所）；兴隆试验站扩建为香饮所；粤西试验站扩建为南亚所；热带作物栽培研究所扩建为热带园艺所和热带农牧所。为了加强高新技术和应用基础的研究，经农业部批准，成立了热带生物技术国家重点实验室、热带作物栽培生理学部重点实验室、橡胶加工部重点开发实验室、热带牧草研究中心等重点研究机构。进入20世纪90年代后，随着改革深化，经国家科委批准，科研机构进行分流，一部分实行企业管理，一部分变为公益性研究所。经调整的研究机构是橡胶研究所、热带作物品种资源研究所、热带生物技术研究所、环境与植

物保护研究所、南亚热带作物研究所、农产品加工研究所、热带农业机械研究所、香料饮料研究所、椰子研究所，研究院发展成为综合性热带农业科研机构。1994年农业部和国家科委批准，研究院改名为中国热带农业科学院。

（二）扩大教学范围和办学规模，增加教学层次

根据"四化"建设急需大量人才的要求，学院拓宽专业设置，不断扩大招生规模和范围，在原有热带作物栽培、加工、植保3个系的基础上，先后成立了机电、农业经济、园林、外语、计算机等系和社科部，从仅收本科生发展到招收专科生、函授生、硕士研究生、博士研究生，以及各类短训班学员。逐渐增设热带作物机械化、热带园艺、食品工程、乡镇电气化、财务会计、农村金融、农业贸易、观赏园艺、国土管理、计算机应用、农业环保等专业，逐渐发展成为综合性热带农业院校。1996年经教育部和农业部批准，学院改名为华南热带农业大学。

（三）加强设施建设，改善科研、教学条件

在农业部的大力支持与帮助下，"两院"先后获得世界银行的两次贷款，一次是教育贷款400万美元，一次是科技贷款150万美元。引进了当时具有世界先进水平的教学、科研设备。资金的投入，不仅大大改善了科研、教学条件，更提供了出国留学与学术访问的机会。此后，"两院"出国留学生、访问学者年年不断。留学生中涌现出不少学术造诣高的青年科学家。

（四）加强科技服务，成果开发与推广

科技为生产服务，为经济建设服务，是党的一贯方针，也是

"两院"长期坚持的方向。

第一，开展技术服务，推广科技成果，建立示范样板。

研究所下迁之后，即把科技服务作为自己的重要任务。科技成果全都无偿地在生产上推广应用，包括国营农场和地方农村。早在20世纪60年代，所院就帮助儋县石屋大队种植橡胶树，无偿提供种苗以及栽培、加工技术，使大队橡胶林发展到数千亩，壮大了集体经济，增加了农民收入。国营农场更是主要服务对象。其中，管养割综合技术和乙烯利刺激割胶就是突出的例子。20世纪70年代初，在引进乙烯利试验取得明显效果后，"两院"即同海南农垦局有关农场合作进行多点扩大试验，并与在西庆场总结的"管、养、割"经验相结合。橡胶所与海南农垦局协作，以西培农场为重点，开展了长达12年的生产型实验，使科研成果迅速在生产上推广，由于经济效益显著，科技含量较高，1978年荣获全国科学大会奖。70年代后期，尤其是改革开放后更是加强了技术服务工作，在华南垦区先后建立技术服务网点240个。橡胶综合高产技术在试验取得亩产200公斤[1]的效果后，首先在海南卫星农场推广，生产队规模亩产达到120公斤。20世纪80年代初，在农垦部支持下，与海南农垦局合作，在南茂农场建立现代化综合科学实验基地，推广橡胶综合高产栽培技术、标准胶连续化生产工艺与设备、橡胶园更新技术及机械化。随后又分别在海南南茂、卫星、八一等农场，云南勐腊农场，广东东方红农场进行"橡胶综合高产技术开发"研究和"标准胶连续化生产工艺与设备开发"研究；在云南西双版纳[2]进行"条溃疡为主的胶园综合治理"和"生物能源（沼气）在热带作物产品加工上的应用"等项目的研

---

[1] 1公斤=1千克，全书同。
[2] 西双版纳傣族自治州，全书简称西双版纳。

究。1989—1990年分别在海南东方、白沙①、琼中②和通什③等县市建立速生丰产示范点，面积共333公顷，起到以点带面的辐射作用。

进入20世纪90年代后，遵照海南省政府的要求，执行省扶贫项目，开展生态扶贫工作。发挥中部山区林地资源优势，在琼中、保亭、陵水④、通什、屯昌等县市建立10个不同模式的农林复合生态示范点，利用荒山野岭种植药材、经济林木，有效地解决了生态林持续保护和农民增加收入的矛盾，提供了经济发展、生态改善、农民增收"三赢"的发展模式。

此外，"两院"还积极开展科技年活动，带动科技入户、科技下乡。先后在本院和湛江地区举办科技日、科技成果展览、科技人员与农民对话等活动，为农户提供技术资料与良种苗木，使他们直接受益。2003年，"两院"获得全国农业科技年活动先进奖。

第二，选派科技副县长，促进地方经济发展。

选派科技副县长是改革开放后科技兴农的重要措施之一。海南建省后，根据省委和省政府要求，"两院"先后选派18名中级职称科教职工到民族地区9个县（市）担任科技副县（市）长。1996年应广东省湛江市的要求，派出20名科技副县（区）和镇长。1997年，根据四川省的要求派出2名科技副县长到攀枝花任职，并与攀枝花市合作办学，培养当地急需人才。此外，还派出人员到儋州市长坡镇等地任职。在新形势下，"两院"通过选派科技副县（市、区）长，加强了与地方政府及广大农民的联系，促进

---

① 白沙黎族自治县，全书简称白沙。
② 琼中黎族苗族自治县，全书简称琼中。
③ 2001年通什市更名为五指山市。
④ 陵水黎族自治县，全书简称陵水。

了科技成果的开发和推广工作。这些派出的科技副县长任期满后有一部分留在当地，成为地方的骨干。为了支持科技副县（市、区）长的工作，"两院"成立了科技扶贫办公室，以加强对他们的管理，并要求各派出所系作为他们的后盾，根据各地实际需要，提供科技成果，派出科教人员并动员大学生利用生产实习、社会性实践到这些县（市、区）蹲点推广科技成果，促进了地方橡胶等热带作物的发展。

第三，开发科技成果，创办经济实体。

党的十一届三中全会后，加工所首先在试验工厂的基础上创办了湛江乳胶医用制品厂，着手生产输血胶管、一次性注射器、导尿管等产品。20世纪80年代中期，院部利用橡胶木材防虫防腐与利用试验成果，在中试工厂的基础上建立了改性橡胶木材加工厂，生产橡胶木板方材及家具。其后各个所站也相继办起经济实体。根据发展形势，1989年"两院"成立热带资源开发（集团）公司，创办了一批经济实体，这些经济实体对促进成果转化、安排职工子女就业发挥了一定作用。进入90年代以后，这些实体经过淘汰、调整，新成立了组培工厂和种苗公司。香饮所利用自身的资源和地理优势推广研究成果、开发旅游、推广产品，取得了突出的经济与社会效益，获得国家奖励，所长王庆煌被国务院授予"全国先进工作者"称号。2004年该所被评为全国科普教育基地、全国农业旅游示范点。

（五）建立海南儋州国家农业科技园区

1998年4月14日，李岚清同志在教育部和海南省领导陪同下到院校（中国热带农业科学院和华南热带农业大学）视察。他指出，应充分发挥院校科教优势，作好成果转化，力争产业化；要在院校及周边地区建立热带农业高新技术示范区,创造出名牌产品,打进国际市场;同时,还要求省政府与院校共建。随后,温家宝同志到院校视察,特别赞赏院校三结合体制,指示要建设成科研、教学、生产示范基地,达到国际一流水平。为此,院校组织专人编制规划方案,报送教育部、科技部①和农业部。后经国务院有关部门审议,列为全国36个国家级农业科技园区之一。这也是海南唯一一个国家级农业科技园区。几年来院校投入了大量人力物力,加强园区建设,力争把园区建设成为成果转化基地、产业化示范基地和技术培训基地。

(六)采取特殊措施,提高科教人员待遇,建立海口窗口,坚持扎根生产基地

改革开放形成农村与城市的巨大反差给"两院"带来巨大冲击。部分科教人员包括一些重要骨干,如外语组的教师、从事生理研究的科研人员等纷纷要求调出。新分配来的应届毕业生很多不来报到。职工子女上学、就业等问题都涌现出来。全国一些位置在农村的高等院校和科研单位,纷纷搬回城市,包括那些成立早期就位于农村的研究机构也不例外。这股搬迁浪潮波及"两院"。不少同志认为,海南岛与内陆隔琼州海峡,交通不便,信息闭塞,科教人员和大学生来源不足,应该把华南热带作物学院搬到湛江;另一部分人则主张搬到海口。当时海南区党委副书记于光兼任"两院"院长、党委书记,在海口白水塘选了3000亩土地。1981年年底,"两院"领导周嘉达、黄宗道等到北京向农垦总局汇报体制恢复后的有关问题,同时反映了学院搬家的意见。农垦部赵凡副部长(兼农垦总局局长,时任)和农业部何康副部长

---

① 中华人民共和国科学技术部,简称科技部。

（时任）听取了汇报。赵凡副部长表示，"两院"不能离开生产基地，要搬只能搬到海口。何康副部长也同意搬到海口，办成综合性大学，学习国外做法，大学办科研。由于"两院"内部意见不一，没有接受这种意见，最后农垦部明确表示，不同意搬迁。学院后来在湛江征地200亩，开办教学点。没过多久，因农垦部要求只能一地办学，又搬回宝岛新村。

为了稳定科教队伍，加速改革步伐，1984年农牧渔业部①派出各业务主管部门领导和农垦所属高校、科研院所代表20余人组成工作组，到"两院"进行科教改革试点，并把加工所定为经费自给的试点单位。经3个月的调查研究，拟定出改革方案，提出了一系列改革措施。在领导体制上明确了党政分工，实行院所长、系主任负责制和领导职务任期制。成立职工代表大会及各级学术委员会，加强学术及行政监督、咨询，加强民主管理。

对科教人员采取一些特殊措施，实行地区补贴，浮动一级工资；照顾配偶关系，给予农转非；加速住房建设，改善居住条件；创造条件，尽可能安排职工子弟家属就业；在湛江、海口为科教人员建造离退休住房，为他们退休作好安排。科教人员待遇有了一定改善。

1988年海南建省，"两院"党的工作从广东省委转到海南省委管理。为了加强与省政府有关部门的联系，适应市场经济发展形势，将原在海口白坡招待所的土地转让出7亩，并从城西山高村征购400多亩土地，建立对外联系的窗口，同时，作为科教员工离退休住房用地。随后，将国家重点实验室和测试中心搬迁到海口，又先后创办高等职业技术学院和热带生物技术研究所，逐渐形成

---

① 中华人民共和国农牧渔业部，为国务院原组成部门之一，简称农牧渔业部。

科教基地，也就是现在的海口院校区。

四、建设具有显著特色的综合性热带农业科学研究、高等教育基地和学术中心

经过几代人的艰苦奋斗、执着追求、不断创新，院校已发展成为具有相当规模与显著特色的综合性热带农业科研、高等教育基地和学术中心。

院校以儋州为主要基地，地跨海南、广东；科研机构分布于儋州、海口、万宁、文昌和湛江；试验实习基地5000公顷。中国热带农业科学院现有14个科研机构，其中包括5个非营利研究所、5个农业事业单位以及4个拟转企研究所；有1个国家重点实验室、1个分析测试中心、4个部级重点实验室、5个部级检测中心和3个省级重点实验室。华南热带农业大学设有农学院、理工学院、机电与计算机学院、园艺学院、环境与植物保护学院、文法学院、基础学院、继续教育学院、应用技术学院、研究生院、国际学院等学院；办学层次齐全，包括博士后、博士、硕士、普通本科、应用型本专科和成人教育各个层次；学科特色突出，热带农业科教方面优势明显；所设专业涵盖了农学、理学、工学、管理学、文学、法学等学科门类；有1个国家重点学科、2个部级重点学科、3个省级重点学科；有1个博士后流动站、11个博士学位授权点、29个硕士授权点、2个专业硕士学位授权点，以及35个普通本科专业、6个应用型本科专业、23个高职专科专业；在校学生12000多人，招生范围从原来南方几个省（区）扩大到全国27个省（区、市）。

院校成立50年来，取得科研成果900多项，其中多项成果获

得包括国家发明奖一等奖、科技进步奖一等奖在内的国家级和部省级奖励。一些成果填补了我国热带农业科学技术的空白,为热带农业生产发展作出了巨大贡献。其中,具有我国特色的橡胶综合高产技术,使我国在热带北缘地区创造出橡胶亩产200公斤的可喜成绩。此外,还有一批成果达到了国际先进水平,例如,率先成功培养出橡胶花药植株并移栽成活,受到国际社会的关注,并应国际橡胶发展委员会(IRRDB)的要求,为该组织成员国开办了几次培训班,向他们传授培养技术;另外,橡胶丰产综合技术措施、标准胶制胶工艺、橡胶主要病害白粉病与条溃疡病的综合防治等成果,都具有显著特色,受到国内外关注。郝秉中、吴继林在橡胶细胞学取得突出成果,获得2004年IRRDB颁发的橡胶杰出研究金奖。选育的其他热带作物,如木薯新品种和优质高产热带牧草,受到普遍欢迎,现已推广到我国南方很多省区。

院校成立50年来,高等教育方面培养毕业生3万余名,还举办了各类短训班10万人次,学员遍布我国热带作物生产地区。正如1958年学院创办时的校长、党委书记何康同志所说的那样,"凡有热作处,皆有宝岛人"。"文革"前毕业的大学生,绝大多数奔赴农垦生产第一线,很多走上各级领导岗位或成为科技骨干,如曾毓庄、张鑫真、古希全、陈锦祥、潘惠民等,他们在橡胶等热带作物事业的发展以及在改革开放、体制转变、调整生产结构中发挥了重要作用,为创立具有我国特色、以橡胶为主的热带作物科学技术体系作出了贡献。"文革"后特别是改革开放后的毕业生中,涌现出一批学术上有造诣的科学家,以及经济建设中卓有成绩的企业家和管理人才。陈章良就是其中较为突出的代表。陈章良1982年从华南热带作物学院栽培系毕业后留校任教,1983年被选派到美国留学,1986年获得博士学位。他在攻读研究生期间,成功地用大豆蛋白基因转移到烟草和矮牵牛花上,从而获得联合国科教文组织颁发的贾乌德·侯赛因青年科学家奖。回国后曾担任北京大学副校长、中国农业大学校长等职务。再如郑小波,从华南热带作物学院毕业后被选送到南京农学院读研究生,获博士学位,由于成绩优异被留校,曾任南京农业大学校长。此外,还有国际知名青年科学家林辰涛、姚树洁,以及一批优秀企业管理人员。在50年的发展中,院校形成了自己显著的特色。

(一) 热带农业科研和高等教育是我国农业科教事业重要的组成部分

我国土地面积仅次于俄罗斯、加拿大,居世界第三位。从南到北跨越热带、亚热带、温带,拥有多种类型的农业气候资源。特别是热带地区,优越的气候条件,丰富的生物资源,使我国农业生产体系更完整,拥有丰富的农业产品。因此,热带农业科研与高等教育,是我国农业科教体系中不可或缺的一部分。进入经济全球化时代,我国对外贸易、科技交流与合作发展迅速,特别是与非洲国家的交往,需要热带农业科技与高等教育的支持。总而言之,热带农业科学研究和高等教育无论对内还是对外,其作用都是难以替代的。

(二) 坚持扎根生产基地,探索科研、教学、生产三结合体制,在全国首创

高等农业院校办在生产基地,20世纪50年代末曾经有过。"文革"期间也要求一些单位下迁,但时隔不久大都搬回城里。大型农林科研院所,也曾有办在基地的,"文革"后也大都迁回城市。除"两院"外,只有陕西杨凌的西北农学院(1985年更名为西北农业大学,1999年并入西北农林科技大学),是1949年以前就办在杨凌,已经形成科学城。

将高等院校和科研院所完全结合在一起,是"两院"所特有。20世纪50年代末至60年代初,曾有农科院与农学院就在教学、科研上相结合进行过探索,都未能坚持下来。

当然,对"两院"这种结合也一直在探索,也有不同的认识,但它是一种创新,仍有其优势。改革开放以来出现的"农科教""产学研"相结合不也是新形势下对这种模式的探索吗?

(三) 中共中央与上级领导的关怀、支持,鼓舞我国热带作物科教事业的发展

儋州是北宋文学家苏东坡流放的地方,他在这里传播了中原文化。所院在这里创建时,海南只在海口有两所专科学校(医专、师专)。像华南热带作物科学研究所这样的科研机构和华南热带作物学院这样的高校,当时还没有。所院建在偏僻的农村,不仅科研、教学具有特色,地理位置也特殊,所以当时到海南来视察参观的中央领导、知名人士,大都会到所院视察参观。

前文已述及周恩来总理来所院视察。随后不久,董必武同志和谢觉哉同志视察所院并题诗。在此之前的1959年2月,叶剑英同志就曾视察所院,接见工作人员,参观了联昌老胶园并题诗。主管所院的农垦部王震部长(时任),在研究所下迁初期1959—1961年,几乎每年冬天都要到所院来现场办公,对所院建设在经费和物资上给予大力支持。在经济困难时期,看到科教员工因营养不良而引起水肿时,王震部长准备从东北调运大豆支援,后虽因路途遥远调运不便未能实现,但所院员工对王震部长的关怀仍

然铭记在心。1988年10月,"两院"迁所建院30周年庆典,当时身为国家副主席的王震同志,已经80岁高龄,亲自到会祝贺。他肯定了"两院"科研、高教取得的成就,特别赞扬广大知识分子热爱祖国、献身"四化"建设的崇高精神风貌。农垦部刘型副部长(时任)也多次到所院检查指导工作。1960年3月,邓子恢副总理(时任)视察所院,要求所院研究解决橡胶速生丰产的水肥措施,适合橡胶栽培、割胶、制胶过程的机械化与自动化,以保证橡胶速生高产。1961年3月,郭沫若副委员长(时任)视察所院,分别为研究所和学院题诗。在此前后,邓小平同志、彭真同志、朱德委员长先后视察粤西试验站。朱德委员长对试验站站长、书记指出:种好橡胶对巩固国防很重要,要把主要力量放在橡胶抗寒高产研究上。

另外,还有部省级干部、将军、全国人大及政协等相关领导,在所院极其困难的时期来到所院视察。1962年,国家科委副主任范长江(时任)到所院检查贯彻"科研14条""高教60条",看到所院遇到困难,回到广州后向广东省委介绍了所院情况,请省委帮助解决。时任广东省委书记的陶铸同志当即调拨了一批食用油给所院,明确表示,所院科研人员和教师享受广州地区高等院校、研究机构知识分子同等待遇,并要求省政府有关部门大力支持。

十一届三中全会后,中共中央两任总书记胡耀邦、江泽民都到"两院"视察过,江泽民同志还在此住宿,召开专家座谈会,接见大学生,鼓励他们要弘扬老一辈的创业精神,学习新知识,创造新业绩。胡锦涛同志任中央政治局常委时,于1996年8月4日,在海南省人大常委会主任杜青林(时任)陪同下,到"两院"视察,鼓励科教人员说:"你们'两院'是我国唯一的从事热带作物的高等院校和科研单位，要办成一流水平的院校。"

到"两院"视察的，还相继有时任国务院总理或副总理的李鹏、田纪云、万里、朱镕基、温家宝、李岚清等；时任人大常委会委员长或副委员长的乔石、彭冲、王汉斌、阿沛·阿旺晋美、李沛瑶、陈慕华、姬鹏飞、王炳乾等；时任政协主席或副主席的李瑞环、钱伟长、周光召、王光英、铁木尔·达瓦买提等。此外，还有一些社会知名人士，如文学家茅盾（时任文化部部长），宗教界赵朴初，作曲家贺绿汀，等等。作为一所普通的科研院所和高等院校，又地处海岛偏远农村，如此众多的党和国家领导人前来参观视察、检查指导工作，说明这项事业非常重要，也体现了中央领导、老一辈革命家和上级领导对这项事业的关心与支持。这是我们扎根生产中心不动摇的巨大精神力量，也是"两院"引以为荣的事情。

（四）对外学术交流开展早、广泛、频繁，具有显著特点

我国天然橡胶和多种热带作物大都是从国外引进，我们自己缺乏种植经验，科研和教育原本是空白。研究所成立后很注意收集国外资料，1956年曾组织翻译出版《三叶橡胶研究三十年》。同年，当时的华南垦殖局副局长兼研究所所长李嘉人，就带领彭光钦、温健、赵灿文到印度尼西亚考察。何康同志更是十分重视国外的经验和科研成果，一有机会就争取派员出国考察。何康同志到研究所工作之前（1956年），就带领何敬真、黄宗道、王长卓等到印度考察。20世纪60年代前期，先后派出刘松泉、谢邦正到我国驻锡兰和印度尼西亚大使馆，专门从事橡胶等热带作物的引种工作。1973年，他还率团带领田之宾、肖敬平、赵灿文等赴马来西亚考察，参观了标准胶生产流程。回国后随即安排加工所、院本部和国营南田农场分别采用3种不同的方式进行研制，从此开始

了我国标准胶的研制，并在马来西亚制胶工艺的基础上实现制胶连续化生产，较之前进了一步。1964年，派出潘衍庆、孟庆岩、杨炳安到柬埔寨的大胶园实习，学习橡胶栽培、割胶、制胶等技术。到1978年何康同志离开"两院"之前，"两院"先后组织人员到12个地处东南亚、美洲、非洲等热带、亚热带地区的国家考察14次。在改革开放之前，这是很不容易的。改革开放后，后继的各任"两院"领导，进一步开展多种方式的对外交流活动，从留学进修到实习访问，从科技考察到对外合作研究，从参加学术会议到援助受聘，等等。1979年加入国际橡胶研究与发展委员会（IRRDB），成为该会的理事成员，黄宗道、潘衍庆先后担任过该委员会的理事。1981年派出郑学勤参加IRRDB组织的亚马孙河流域橡胶原产地考察，采集橡胶种源，引进了数千个种质资源。1983年和1990年，先后在北京、昆明召开IRRDB的学术年会和理事会。2004年，陈秋波当选为IRRDB理事会副主席，2006年又当选为IRRDB理事会主席。

国际合作研究、教学活动很多，其中，与法国热带农艺开发研究国际合作中心（CIRAD）下属的法国油脂研究所、国际热带农业中心、日本筑波大学等单位在椰子、木薯、热带牧草和气象等方面开展合作研究，还同美国夏威夷大学人类资源学院结为姐妹院校。

到20世纪末，"两院"派遣出国留学、进修和访问学者128人，到过17个国家和地区；出国考察104次，派遣254人考察了25个国家和地区；参加国际会议和合作研究100次，派遣158人赴26个国家和地区参加国际会议和合作研究。此外，郑学勤、郝永路、梅同砚还先后受聘于国际组织。如此频繁的对外活动，当时在全国并不多见。

（五）树立良好的学风、校风，形成"两院"优良传统

"两院"创办在偏僻农村，自成一个小社会，培养了良好的学风，形成了"无私奉献，艰苦奋斗，团结进取，开拓创新，求真务实"的"两院"精神。正是这种精神，使"两院"人在极其艰苦的环境条件下，战胜12级台风的袭击，忍受每月仅19斤口粮的饥饿，在一片荒山野岭上开创基业，探索出科研、教育、生产相结合的新路子。正是这种精神，让"两院"科教人员深入生产第一线，长期蹲点在农场、农村，与广大工农群众相结合，开展科学试验，取得第一手丰富的资料。在我国热带北缘18°以北地区开创出具有中国特色的以橡胶为主的热带作物科学技术、橡胶主要病害综合防治技术、制胶工艺技术等，有的项目先进性居世界前列，在国际上赢得了应有的地位，受到世界同行的关注。

"两院"涌现出许多优秀科技工作者的代表，例如，橡胶所的许闻献，20世纪90年代与广东、海南、云南等地的生产部门合作研究割胶制度改革，到多个农场进行试验，取得突破性成果；植保所的张开明，20世纪80年代初，到云南西双版纳地区的农场，与云南省热带作物科学研究所的科研人员合作研究橡胶条溃疡病的综合防治，先后蹲点两年，不仅有效地防治了条溃疡病，而且取得显著的增产效果；在派出第一批科技副县长时，橡胶所黄守宏等到乐东①，长期蹲点农村，帮助农民发展橡胶，有效地促进了农村经济发展。这里要特别提到的是，陈乃荣与戴月明夫妇，他们从中国香港回到祖国大陆上大学并参加工作。在经济困难时期，到云南德宏②一个偏远的农场研究咖啡育种和栽培技术，长达3年

---

① 乐东黎族自治县，全书简称乐东。
② 德宏傣族景颇族自治州，全书简称德宏。

之久，实在难能可贵。这些杰出的科技工作者，正是"两院"精神的体现。

"两院"地处海南岛，远离具有现代物质、文化生活的城市。虽然"两院"培养了一批批大学生、研究生，但引进人才十分困难。正是艰苦环境的磨炼，造就出卓有成绩的领导干部。"两院"第一任院长（兼书记）何康，迁所建院，开创"两院"科教事业，为"两院"的发展打下扎实基础。何康同志离开"两院"后，长期在农业部门担任领导。由于他对我国农业作出的突出贡献，1993年获得世界粮食奖，是我国唯一获得此项殊荣的部级干部。接任他的黄宗道教授，乘改革开放之风，大力发展"两院"，并凭他在我国天然橡胶研究方面作出的贡献，当选为中国工程院院士。继任院长吕飞杰（书记潘衍庆），在上级支持下将研究院扩建成为中国热带农业科学院，后升任中国农业科学院院长、国务院扶贫办公室主任。其后继任院长的依次有余让水（书记陈河楷）、张春发（书记马道文）、王庆煌（书记刘康德）。余让水、陈河楷任职期间，正逢深化科教体制改革盛世，在上级帮助下，将学院扩建成为华南热带农业大学。至此，"两院"发展成为名副其实的综合性热带农业院校和科研单位。

这就是"两院"走过的最初50年。这是不平凡的50年，是艰苦而曲折发展的50年，是具有显著特色的50年，是备受关怀的50年，是充满激情的50年，也是值得怀念的50年。

时代在前进，事业在发展，新的形势引导"两院"进入新的发展模式。2007年，华南热带农业大学融入海南大学踏上新的征程，将为海南的高教事业作出新贡献。而中国热带农业科学院，仍将继续她的事业，在新的领导班子带领下，继续提高科研创新能力，不断增强经济实力，加强国际交流合作，着力为"三农"

服务，建设小康社会和社会主义新农村。在新的形势下，坚持以习近平新时代中国特色社会主义思想为指导，充分利用海口省会城市的有利条件，建设现代化的国家热带农业科技创新基地，创造新的业绩，写出新的历史篇章。

中国热带作物科学技术的
发展历史与成就①

热带作物科学技术以橡胶为主，此外还包括剑麻、椰子、油棕、胡椒、可可、咖啡、腰果、香草兰、杧果、热带牧草、南药等热带作物，是在中华人民共和国成立后随着橡胶等热带作物生产的发展，在科研与生产的紧密结合下发展起来的，同时，热带作物科技的进步又有力地促进了生产的提高与发展。

中华人民共和国成立前，热带作物生产没有受到重视，橡胶虽然已于1904—1906年被引种到云南、台湾和海南，经过近50年的发展，种植面积仅约3000公顷，年产干胶不到200吨。椰子在我国已有约2000年种植历史，种植面积也只有5000多公顷，年产椰子1300多万个。其他热带作物只有零星种植，基本上没有形成产业，热带作物产品基本依靠进口。

中华人民共和国成立后，中共中央决定大力发展天然橡胶，随后又相继发展其他多种热带作物。目前橡胶面积已达到60万公顷，年产干胶42万吨。面积和产量分别居世界第四、第五位。其他热带作物也有空前发展。热带作物产业为国家提供了大量产品，有的不仅满足了国内市场的需求，还能出口，为国家赚取外汇，促进了地区经济的发展和社会进步。

---

① 本文写于2000年，作者为梁茵东、潘衍庆和周德藻。原收录于2000年编写的《共和国农业史料征集与研究报告》第三集。

在生产发展中，热带作物科技也从无到有地发展起来。创办了一批专业科研机构和一所培养热带作物专业人才的高等院校。培养、建立起一支深入生产实际、勇于探索、开拓进取并且具有奉献精神的科技队伍。形成了资源区划、动植物育种、植物保护、机械化、产品加工综合利用和科技情报多学科领域，包括产前、产中、产后学科基本配套的热带作物科技体系。经过几十年的试验研究和生产实践，研究总结出适合我国环境条件、具有自身特色、以橡胶为主的热带作物科学技术，在生产中发挥了重要作用，填补了科学技术上的空白，其中，"橡胶树在北纬18°~24°大面积种植技术"获得国家发明奖一等奖，并取得一批在国际上居领先地位的科技成果。

一、生产发展迫切要求科学技术，为科研提供了重大课题任务

我国天然橡胶业是在特殊的历史条件下开始发展的。中华人民共和国成立不久，美国等西方国家对我国实行经济封锁，作为战略物资的橡胶被禁运，不能进口。当时的社会主义国家都同样受到禁运。在这种国际形势下，苏联领导人斯大林提出签订《中苏联合发展天然橡胶的协议》。1950年8月，中央财经委员会召开会议，提出建立天然橡胶基地的计划。紧接着政务院第100次会议通过了《关于扩大培植橡胶树的决定》，决定首先在华南建立橡胶生产基地，开办大批国营农场，成立管理机构，并抽调2万名解放军官兵组建林业工程第一师、第二师和独立团，分赴海南、高雷①和广西参加开垦种植橡胶树。同时，从全国高等院校分配大批

---

① 高雷专区，广东省已撤消的行政区，在今广东省西南部。

应届毕业生到生产第一线从事生产技术工作。

种植橡胶树初期，由于对橡胶树的习性和我国植胶地区环境认识不清，又迫于当时的国际环境，任务重，时间紧，提出了"先内陆后海南，先草原后森林，先平原后丘陵"的橡胶树种植方针。第一批种植的橡胶树苗，因风寒旱害受到严重伤害；1954年，一场台风登陆雷州半岛；1955年春，华南地区又受到特大寒潮侵袭，致使包括海南岛北部地区在内的橡胶树，普遍受到严重伤害，成片死亡。接连的挫折，加深了我们对橡胶树生物学习性和我国热带北缘地区环境特点的认识，明确了风寒旱和部分地区土壤贫瘠，特别是台风和低温寒潮是发展橡胶的主要障碍。这些问题是东南亚植胶地区所没有的，无可借鉴，要由我们自己研究解决，这是科技工作的紧迫任务。

在华南发展橡胶的同时，云南根据中央的要求，开展了资源考察，扩大试种橡胶树，为以后的发展作了初步的技术准备。1956年，正式成立了热带作物管理机构，开办农场，开始发展橡胶、咖啡等热带作物。

二、建立科研机构，扎根生产中心，组织全国协作研究攻关

中华人民共和国成立前，热带作物科技是空白，无现成的机构和资料可以利用，一切都得从头开始。中共中央成立华南垦殖局时已提出了科研任务。林业部于1952年决定以原广西桐油研究所、重庆工业试验所橡胶组为基础，并从有关科研单位、高等院校抽调专家以及新分配的应届毕业生在广州筹建研究所，还将在此前成立的那大试验站划属研究所，作为研究所的海南试验站。

1954年春，研究所正式成立，定名为华南热带林业科学研究所（以后又改名华南热带作物科学研究所、华南亚热带作物科学研究所），并在粤西成立徐闻试验站，在广西成立龙州试验站。1958年，华南垦殖局下放到广东省领导，研究所直属农垦部，并从广州迁至海南儋县（今儋州市），与同时成立的华南农学院海南分院建在一起。1959年华南农学院海南分院改名为华南热带作物学院，划属农垦部管理，与研究所实行统一领导，成为我国培养热带作物专业人才的第一所高等院校。

各热带作物省区也相继成立了科研机构。广东省于1956年以原育种苗圃为基础，扩建、新建了7个育种站。20世纪70年代中后期分别改建为保亭热带作物研究所、4个地区（局）农垦橡胶研究所、农垦热带作物研究所。云南于1959年以原西双版纳试验场为基础，将其扩建为云南省亚热带作物研究所，此外，在河口、德宏垦区也建立实验站。广西则在原龙州试验站（已于1957年划属广西农垦局）的基础上成立了广西橡胶研究所，并在南宁成立了广西亚热带作物研究所。福建省于1961年在漳州成立福建省亚热带作物研究所。

"文革"中科研单位有的被撤销，有的改为生产场，以后才逐渐恢复。党的十一届三中全会以后科研事业迅速发展，华南热带作物科学研究院将原来的研究系与试验站改建、新建为研究所，并成立了国家重点实验室。1994年华南热带作物科学研究院改名为中国热带农业科学院，下辖12个研究所、1个国家重点实验室、2个部重点实验室、3个部级检测中心和1个分析测试中心，同各省区科研机构一起形成了从中央到地方的热带作物科研体系。

《1956—1967年科学技术发展远景规划纲要》《1963—1972年

科学技术规划纲要》以及之后的"六五"计划中，热带作物都被列为国家科技重点项目。在上级主管部门的统一组织以及有关科研单位、高校的协作下，热带作物科研单位组成全国一盘棋。以华南热带作物科学研究院为主体，分工协作，共同承担着我国热带作物科技研究、攻关和开发的任务。广大科技人员长期扎根生产中心，与工农群众相结合，在生产部门的大力支持下，以热区经济建设为主战场，深入实际，艰苦奋斗，几十年如一日地的探索、钻研，为热带作物科技事业作出了重要贡献。老一辈科技工作者奉献了毕生精力，新一代科技工作者正在发扬老一辈的优良传统，继续开拓前进，登上新台阶。

三、组织资源考察，选好宜林地，做好热带作物区划，为发展生产、作物布局提供依据

早在20世纪50年代初，广东省和林业部就联合组织橡胶督导团，先后对海南岛和高雷地区原有橡胶进行过考察。1951年在叶剑英（时任中共中央华南分局书记，兼华南垦殖局局长）主持下，林业部组织了全国有关高等院校农林业专业师生和科研单位的专家、科技人员（还有苏联专家参加）1000多人，对海南、高雷和广西地区进行了为期半年的考察，选择橡胶宜林地，为确定生产布局和建立农场提供依据。同时，在云南也组织了有植物学家参加的野生胶植物考察。嗣后，中国科学院有关研究所及其此后成立的综合考察队、华南垦殖局（专门成立了勘察设计队）、华南热带作物科学研究所等单位联合或分别多次进行考察。广东省还成立了广东省热带亚热带资源开发委员会，组织了上千人对海南、粤西地区进行了为期一年的勘察，制定了开发规划。1957

年3月,中国科学院、农垦部和广东省等单位联合在广州召开了"华南热带资源开发科学讨论会",交流了学术论文。中国科学院综合考察队通过对华南地区和云南的多次考察,提出了"我国热带、亚热带地区以橡胶为主的植物资源开发方案"。1960年,根据农垦部指示,由华南热带作物科学研究所组织垦区热带作物科研单位20余人对云南几个垦区进行专门考察,就发展橡胶等热带作物提出具体意见和专题报告,为云南橡胶的发展起到了积极作用。

1980年1月,国家农委①、农垦部和广东省政府在广州联合召开"热带亚热带土地资源和以热带作物为主的综合区划会议",决定在海南乐东进行试点。随后在广东省铺开并完成热带作物区划工作。1984年3月农牧渔业部农垦局在北京召开热带作物垦区区划会议,部署全国区划工作,1986年完成并提出了区划报告,为今后热带作物生产布局提供了科学依据。

1980年前后,海南和西双版纳开发植胶及其对生态平衡的影响引起了学术界的关注。1979年农垦部与中国热带作物学会联合在海口召开了"热带作物资源开发利用研讨会"后,中国热带作物学会又在西双版纳召开"热带作物现代化学术讨论会"。这两个会议,邀请了学术界知名专家现场考察,并进行了学术讨论。讨论增进了人们对发展橡胶的认识,也打消了人们的一些疑虑。1981年,中国科学技术协会组织了全国16个学会的有关学者、专家对海南的热带作物开发与生态平衡问题进行了综合考察。1983年在广州召开了"海南岛大农业建设与生态平衡学术讨论会",为海南热带农业的发展提出了积极建议。

"七五"期间,"海南作物种质资源考察"被列为国家重点

---

① 国家农业委员会,为国务院原组成部门之一,简称国家农委。

攻关项目。华南热带作物科学研究院和中国农业科学院作物品种资源研究所（今作物科学研究所）等14个单位近百名科研人员进行了为期5年的考察研究。查清了各种作物的种质资源，发掘了一批珍稀优特品种，抢救了一批濒危种质，发现了一些新种，丰富了我国资源宝库。

四、引种与培育橡胶树优良品种，实现生产良种化，育种新技术达到国际领先水平

（一）引进优良品种和大批种质资源

东南亚在20世纪20—30年代开始橡胶树选育种工作，我国大规模发展橡胶时，他们已选育出一批优良品种。50年代后期，生产部门通过华侨等途径引进了PB86、PR107、RRIM600等20个优良无性系。1960年和1964年华南热带作物科学研究所先后派出刘松泉、谢邦正分别到我国驻锡兰和印度尼西亚的大使馆专职从事引种工作。先后引进了136个橡胶树品种和一批其他热带作物品种。后又通过品种交换和其他途径从东南亚及科特迪瓦引进一批品种，共计三叶橡胶5个品种、巴西橡胶198个品种。1981年，国际橡胶研究发展委员会（IRRDB）组织成员国到巴西亚马孙河流域原始森林——巴西橡胶原产地考察采种，华南热带作物科学研究院派郑学勤参加，共引进野生橡胶种质7581个，极大地丰富了我国橡胶种质资源。

对早期引进的PB86和PR107，经过试种后已于1960年开始推广生产。1963年又选出21个品系，在全国统一布置适应性试验，经鉴定、评选后又陆续推广了几个品种，其中，RRIM600（高产）、PR107（抗风）、GT1（抗寒）等至今仍是我国不同植胶类型

区的当家品种。

(二) 选育自己的抗性高产品种

为满足初期发展需要，1952年开始组织对原有橡胶树进行了普查、鉴定，选出高产母树进行采种育苗、人工授粉并用其枝条建立初生代无性系。从中选出了锦兴10等一批无性系，后来利用锦兴10培育出我国最早的抗风高产品系海垦1号。由于初期母树鉴定是以低割线产量为依据，其后代选出率很低，所以20世纪50年代种植的实生树、芽接树产量都不高。1957年开始研究不同部位割胶产量与其后代产量的关系，结果表明，高部位产量与其后代呈极显著相关。加上从国外引进了一批高产无性系，有了更多的育种亲本材料，使我国橡胶树选育种工作推进了一步。

1962年5月，农垦部在湛江召开第一次全国橡胶树育种工作会议，总结了育种工作的经验教训，明确了积极选用国外良种无性系和尽快培育自己的抗性高产品种的方针任务。在云南地区全面推广国外高产品种，同时加快培育自己的抗性高产新品种进程。经过育种工作者几十年的精心培育，采用有性杂交、地理试种、建立前哨系比、人工低温鉴定、风害地区及强风过后的鉴定评选以及新技术育种等多种途径，选出母树建立杂交后代，陆续选育出一批高产、抗风、抗寒新品种，并逐步在生产上推广。至1997年全国累计评选出各类推广级品种51个，其中，如海垦1号在20世纪60年代已开始在风害地区推广，80年代开始推广的93-114已成为寒害地区主要推广品种。

生产良种化和高产栽培以及采胶技术的推广应用，使我国橡胶单产水平有了显著提高。亩产从20世纪50年代不到20公斤，

60年代约30公斤，到1996年达到67.9公斤。其中云南的亩产已超过100公斤，达到国际先进水平。

(三) 育种新技术取得突破

在新技术育种领域我国起步比国外稍晚，但取得初步突破。1977年中国科学院遗传研究所和保亭热带作物研究所合作，用生物技术培养出世界上第一株橡胶单倍体植株，并于1979年移栽成活。"两院"培养出第一批橡胶花药植株，1978年首次移栽成活，现已培育20多个株系，其中，大多数大面积推广品种均已出苗。这是世界上第一批自根无性系，居世界领先水平，应IRRDB的要求，华南热带作物科学研究院先后举办3次关于这项技术的国际学习班，有法国、马来西亚、印度尼西亚、印度、斯里兰卡和泰国的科技人员参加学习。

诱变多倍体技术也有很大发展。1978年，华南热带作物科学研究院用化学和辐射的方法成功地诱导培育出三倍体橡胶植株。此项研究我国虽比国外迟，但获得稳定一致的多倍体所用的方法比国外先进，所需时间短，特别是诱导性细胞染色体加倍育成的三倍体橡胶居世界领先地位。

从组培技术、理化诱变的研究进展，到近几年染色体工程和建立基因文库的研究，标志着我国橡胶育种工作已进入一个新阶段。

此外，苗期产量预测、抗寒鉴定、低温保存花粉等技术都有所创新，尤其是苗期抗寒鉴定效果较好，幼态无性系的研究也有所发展。

五、研究总结具有特色的抗灾栽培技术，不断提高橡胶园抗灾能力和生产水平

（一）划分环境类型，对口配置品种

立足于抗御自然灾害，是我国橡胶栽培技术的显著特点。种植第一批橡胶树的工作受到挫折后，生产上总结出"依山靠林"的经验；20世纪60年代又提出了"四化"（林网化、梯田化、覆盖化和良种化）和"五提前"（提前造林、育苗、开荒、种覆盖作物和定植）胶园建设基本措施。经多年试验研究和生产实践，已逐步形成抗灾高产栽培的科学技术体系。

我国植胶区气候条件复杂，环境对气候再分配的作用以及品系的反应差异很大，一般宜林地尚不能达到安全生产的要求。20世纪60年代初，着手划分环境类型中区工作，70年代初和90年初又先后进行调整。按照风害、寒害程度与频率将全国植胶区划分为21个中区，在中区内按照地形、坡向、坡度等不同部位划分成小区，配置不同抗性的品种，充分发挥了品种的特性，减轻了灾害，保证了产量水平。

（二）营造防护林，改善橡胶树种植环境

初期沿用苏联农田防护林模式，方格大，树种单一，防护效果差。经过对台风登陆和寒潮侵害路线及其他与地形地貌关系的研究，以及防护林效能的测定，改进了林网设计规格，缩小方格面积，改进林带走向、结构和树种配置，改纯林为混交林，并不断引进、筛选出一批材质好、生长快、抗风力强和适应性广的树种。不但提高了防护效果，增加了经济效益，还改善了橡胶树种植环

境。1953年，雷州半岛和海南北部地区被放弃的植胶草原地进行大面积造林改造后，又重新种植了橡胶树。20世纪80年代以来研究推广了防护林更新改造技术，引进了优良树种刚果12号桉，并研究出快速繁殖技术。

（三）改进种植技术，增强橡胶树抗灾能力

一是改变种植季节。橡胶树大量采种在秋季，种子无休眠期。传统种植方法是在采种后及时播种育苗，第二年夏季（雨季）定植上山。北部地区为了提高胶苗越冬抗寒能力，在试验解决种子贮藏技术后，改秋播为春播，第二年春季抗旱定植，使胶苗入冬之前有更长的生长时间，提高御寒能力。不仅使胶苗能安全过冬，还减少了设置防风障、草棚等防寒设施所需的人力物力。

二是改变种植密度和形式。在风害地区适当提高种植密度，采用宽窄行种植形式，提高群体抗风力，风害后可保存较多的植株，获得较高的产量。在云南则采用宽行密株的形式防治因辐射低温引起的橡胶树"烂脚"。

三是种植"三合树"和成年胶树的修枝整形。早在植胶初期就曾采取胶苗摘顶和试用生长抑制剂的方法，抑制橡胶树生长高度，但未收到预想的效果。以后又试验在高产树干顶上芽接抗寒品系（"三合树"），在保持其高产特性的同时增强其抗灾能力。经努力，已选出一批适宜的组合品种在生产中使用。20世纪70年代以后开展对成年橡胶树修枝整形的试验，在台风到来之前进行一定强度的修剪，可以明显地减轻台风造成的危害。

（四）实行多层栽培，建立人工生态系统

橡胶产业发展初期，为了防止水土流失，解决绿肥问题，在橡胶园间种豆科覆盖作物，对改良土壤、防止雨水冲刷起到良好作用。此后，又间种多种短期农作物。1970年年底以后，广泛地开展了人工模拟生态系统的试验和生产实践。采用宽行种植橡胶树，间种多年生经济作物和耐阴作物，形成主体多层结构。根据不同地区环境特点已摸索出多种形式，例如，林—胶—椒，林—胶—茶，林—胶—咖啡—南药，等等。改善了系统内物质循环，提高了橡胶园抗灾能力，取得了良好的经济效益生态效果。1989年联合国教科文组织在海南东兴农场召开"热带人工群落和热带亚热带土地合理开发"国际学术讨论会，各国专家对此给予高度评价，认为是世界首创。

六、管养割相结合，不断改革割胶制度，提高产量水平和劳动生产率

（一）总结胶工经验，研究自己的采胶高产新路子

中华人民共和国成立初期，老胶园都是1/2树围每日割，随后改为1/2树围隔日割，基本上是东南亚传统的割胶制度。

1954年科研工作者在开展样板田活动中，深入生产实际，调查研究，从工人实践中总结提出了"管、养、割"相结合的经验，以加强橡胶园管理为基础，注意保养好橡胶树，讲究割胶技术，从而获得持续、稳定的高产。进而深入研究以完善技术，使这一经验成为我国割胶生产的基本技术措施。

20世纪60年代，我国新种橡胶树大面积投产。生产上开展

"神刀手"运动,培养割胶能手,提高割胶技术。有的胶工已注意到割胶时天气和橡胶树树身状况对产胶的影响。根据胶工"三看"(看树身、看物候和看天气)割胶的经验定量研究,测定了干胶含量,记录了物候和气候等的季节变化,并研究其相互关系,提出了产胶动态分析技术,以指导割胶,确定采胶策略,保持高产稳产。

(二)乙烯利刺激,改革割胶制度

1971年从我国香港引进乙烯利样品,试用于橡胶后取得惊人的效果,当即组织了力量进行试制并应用于国内生产。科研与生产部门统一组织,通力合作开展系统广泛的田间试验和刺激机理的研究。根据乙烯利刺激的特点,制定了"减刀、浅割、增肥、产胶动态分析"技术措施,不到5年,在橡胶实生树上全面推广,取得减刀30%、增产20%的效果。进而开展高产芽接树的试验,同样取得突出效果,并进一步提出了"低频、短线、少药、浅割、轮换、增肥、产胶动态分析"系列技术措施。在试验中,针对乙烯利的副作用,集中研究了各种剂型的复方,取得明显效果。

由于乙烯利的试用,带动了割胶制度和采胶技术的革新,将原来隔日割改为隔两日、三日的割制。并根据橡胶园和橡胶树不同状况采取双短线阴阳刀、高低割线轮换、阴阳刀轮换以及针刺采胶等多种措施,不仅取得增产效果(增产10%~20%),而且节省了树皮(节省33%),减少了割胶刀次(年割60~70次),节省了割胶用工(节省用工1/3),提高了劳动生产率(提高率50%)。1990年,农业部下发了《关于加快推行我国天然橡胶割制改革的通知》,发布了《中龄橡胶树新割制试行规程》,要求在15龄以上的橡胶树上全面推广。

（三）作好橡胶园土壤管理，运用营养诊断指导施肥

土壤管理和施肥是胶园速生高产的基础，20世纪50年代，在土壤普查划分肥力类型的基础上，科研与生产部门合作进行了系统的肥料试验，制定出施肥制度。提出以有机肥为基础，按土壤类型配合施用氮磷钾肥，对幼树生长起到良好的作用。磷矿粉的试用表明其与过磷酸钙有同样效果，开辟了磷肥来源，降低了成本。钾肥的施用，对防治粤西北部地区的黄叶病有效。70年代以后，开展了矿物质营养诊断研究，确定了营养元素临界指标和诊断技术，完善了施肥方法，施肥的针对性强，提高了肥效，防止了缺素症的发生，而且促进了橡胶树生长和产量的提高。之后又开展了配方施肥的研究，效果极为明显，现已大面积推广。经研究与实践，在生产上施用微量元素和稀土也取得良好效果，其中镁肥的施用，使海南西南部、粤西、广西和福建等地的缺镁黄叶病得到有效防治。

（四）研究综合管养技术，建立现代化综合科学试验基地

20世纪70年代中，华南热带作物科学研究院橡胶所开展高产试验，将有关单项成果综合用于试验基地，使PR107橡胶树从原来平均亩产不到100公斤，逐步提高到200公斤以上，被国家科委列为开发项目。1981年先后在卫星、芙蓉田、南茂等农场进行开发试验，橡胶园连续3~5年增产30%以上。1987年农牧渔业部将相关成果列入丰收计划，大面积获得高产，在我国热带北缘地区达到世界先进水平。

20世纪80年代初，农牧渔业部确定，由华南热带作物科学研

究院、海南农垦局、保亭热带作物研究所和南茂农场合作运用现有科技成果,在南茂农场建立华南热带作物现代化综合科学实验基地,进行以橡胶为主的热带作物栽培、加工、综合利用、机械化生产和科学管理等开发试验。其中,示范区橡胶增产36%,建立的第二代橡胶园定植后5年开割。联合国橡胶专家参观后称赞,这些橡胶园具有世界先进水平。

(五) 产胶生理与解剖学研究有新发展

华南热带作物科学研究所在广州时期已开始产胶生理和橡胶树树皮解剖的研究,试用乙烯利后,研究重点转向刺激机理。研究人员分析了排胶强度对产胶潜力的反作用,认为采胶过程在生理学上是伤害和愈伤反应的过程,提出了"诱导愈伤反应"假说,强调乙烯利的作用不仅是解除乳管堵塞、强化排胶,而且起着动员、消耗储备的作用。根据"管、养、割"基本经验和采胶强度必须与产胶潜力保持平衡的观点,指出不应单纯依靠乙烯利大幅度增产,而应将其作为降低采取频率、节省割胶用工、加强胶园管理的手段,以达到提高采胶效率,稳定增产的目的。

解剖学研究正确阐明了巴西橡胶树的树皮结构层次,特别是有输导功能的韧皮部因割胶被破坏的真实情况,证明我国割胶工人根据实践将树皮分为5个层次是科学的,为割胶控制深浅度进而保护韧皮部提供了科学依据。

1986年后,应用基础性研究以承担国家自然科学基金项目为主,开展了橡胶等热带作物生理学解剖学的研究,撰写了一批具有较高学术水平的学术论文。如《巴西橡胶树树皮的超微结构研究》在英国《植物学年评》发表后,先后有来自20多个国家的40多位学者来函索取单行本,其中包括美国、以色列、法国的著名植物学家和生理学家。

七、不断提高病虫害防治水平，保证生产顺利发展

（一）开展病虫害调查，掌握病虫害发生动向，为确定植物检疫对象和检疫措施提供依据

防止国外危险病虫传入和地区间传播是植保工作的重要任务。热带作物科研单位与生产部门，以及华南热带作物学院的教师和学生多次联合组织对垦区病虫害进行普查，经长期积累，1994年汇编出版了《华南五省（区）热带作物病虫害名录》，记载了67种作物的823种病害和隶属14目128科的有害动物954种，基本摸清病虫种类和分布情况。1964年第一次提出了对外检疫对象名单，以后又经过多次调查补充，并提出对内检疫对象。1979年国家农垦总局决定在广州建立热带作物检疫苗圃，下发了《关于开展橡胶等热带作物检疫工作通知》，并发布了对外、对内检疫对象名单和检疫措施。1983年编辑出版了《热带作物检疫对象图说》，进一步推动了检疫工作的开展。

（二）研究主要病虫害发生规律和防治措施，有效地控制其为害

病虫害的发生是随热带作物面积的扩大、种类的增多、时间的延长而日益显现的。初期在局部地区发生过金龟甲、大蟋蟀、黄褐树螽等虫害，以及鼠害和苗圃麻点病，均及时进行了防治。橡胶树郁闭成林后相继发生了白粉病、黑团孢叶斑病、炭疽病、季风落叶病、根腐病类、条溃疡病等病害，以及叶螨类等虫害。其中橡胶白粉病和割面条溃疡病是发生最普遍、流行频率最高、为

害最严重的两种病害,也是在科研和生产中投入人力最多、物力最大的研究和防治对象。

白粉病主要是使胶树落叶,推迟割胶而减产;条溃疡病则是造成割面溃烂直接影响割胶。对两种病害流行过程、发病诱因、不同环境区流行频率和强度进行了系统的研究后,制定了综合防治措施,筛选出有效的农药。在生产中有效地控制了病害的为害。普及防治知识,并拍摄科教片。不断地提高防治水平。针对白粉病提出了短期测报方法和中期预报数学模拟公式,还多次利用飞机施药防治。

20世纪80年代"条溃疡的综合治理技术"被列为国家经委开发研究任务,华南热带作物科学研究院植保所、云南省热带作物科学研究所和勐腊农场联合在该场进行开发试验,使农场感病胶园的重病株比例从原来的32%下降到0.4%,干胶增产1倍以上。

其他如炭疽病、黑团孢叶斑病、六点始叶螨均在局部地区发生。在研究与生产部门的紧密合作下,及时开展试验防治,使病害得到有效控制。根腐病类发生较普遍,20世纪60年代已研究总结出"挖、吹、刮、晒、管"的处理措施进行防治。80年代后用十三吗啉作根颈保护剂,提高了防治效果。

(三) 开展化学除草,控制橡胶园杂草为害

杂草特别是茅草是幼龄橡胶园管理的突出问题。20世纪50年代生产上主要用人工和机械挖除,劳动强度大,且不易根除。60年代开始研究试用化学除草,同时进行橡胶园杂草调查和茅草的生物学习性观察,基本查清橡胶园杂草(含杂灌木)种类、类型和不同年龄橡胶园杂草组分。化学除草方面首先推广了亚砷酸钠,以后又筛选出茅草枯、百草枯多种药剂。70年代中期,经广泛筛

选，找到一种广谱输导型除草剂——草甘膦。经科研与生产部门合作多点试验示范，很快在生产上全面推广，并拍制科教片《理想的除草剂——草甘膦》，普及该除草剂的使用知识。对老龄橡胶园的桑寄生，为解决树高喷药困难的问题，80年代末找到一种新药——灭桑灵，在橡胶树基干打洞施药，通过药剂输导毒杀桑寄生。

八、在引进仿制基础上改革创新，不断提高热带作物产品加工和橡胶园机械化自动化作业程度

（一）设计制造我国首家机械化烟片厂和浓缩胶乳厂

中华人民共和国成立前遗留下的小橡胶园都是采用作坊式的土法加工橡胶片。1955年华南热带作物科学研究所在联昌试验站设计建立了烟片加工试验工厂和浓缩胶乳加工试验工厂。设计制造了我国第一台"六合一"烟片压片机和第一座洞道式烟胶房，进行了生产试验。这个试验为1956年给西联农场设计建造我国第一座浓缩胶乳加工厂和1958年为西庆农场设计日产2.5吨烟片加工厂积累了经验，也为以后生产上大批建厂提供了数据和经验。为解决烟片干燥需要大量木柴的困难，1963年试用催干剂风干胶片获得成功，节省了大量木柴。

（二）颗粒胶的研制与生产

根据国外制胶的进展，1971年开始研制颗粒胶的生产工艺、设备，制定标准胶分级制度。1974年在湛江南华农场建立中试工厂进行中间试验和橡胶性能试验。1976年经农垦部和化工部联合召开鉴定会通过，在生产上正式推广。在研制过程中，改进国外

深层干燥工艺，解决了国外未曾解决的输送带粘胶问题。

由于颗粒胶生产工艺机械化、连续化程度高，工效高，劳动强度低，用重油作燃料代替了木柴，加工烟片干燥时间从原来需要 30~40 小时缩短到 3~4 小时，大大提高了产品质量和生产效率，推广迅速，基本取代了原来的烟片胶生产工艺。在推广中进一步改进长槽大凝块凝固工艺、厚块压薄造粒工艺以及自动打包生产线，不断地提高了连续化、自动化水平。同时，杂胶标准胶设备的研制成功，结束了 20 年进口标准胶设备的历史，设备还出口到了非洲。

（三）开发多种制胶新品种

先后研制成功炭黑共混胶、木素共混胶和黏土母炼胶，其中，木素共混胶的性能比国外有明显提高。天然胶环氧化、充油天然胶也都研制成功，通过了部级鉴定。全乳白绉片和浅色标准胶研制成功投产，结束了这两种胶依赖进口的历史。用天然胶乳制备氯化天然胶和硫化商品胶乳也取得成功，应用于生产，不仅减少设备投资，且没有环境污染。

此外，对胶乳与橡胶性质、浓缩胶乳性质与机械稳定性、橡胶分子量分布、非胶组分等进行了研究和测定。

（四）综合利用有新发展

橡胶树木材经药物处理改性已成为垦区一个新的产业。改性后的木材可以制作美观的各式家具、门窗、地板、桁条等，开发了一种木材利用的新资源。橡胶树种子油经精炼后可食用，经临床试验观察可以降低血脂和胆固醇。用标准胶加工的废水生产沼气，用于干燥标准胶，其热能可提供本身干燥所需热能的 30%~50%，已在海南和云南推广。胶清废水培养蛋白质饲料白地霉也试验成功。

（五）橡胶园机械化程度不断提高

橡胶发展初期，从苏联引进一批农田通用机械，沿用他们的开垦经验，但不适应橡胶园机械化作业。1958年成立了广东热带作物机械化研究所（1964年改为华南热带作物机械化研究所）。该所在选用国内外定型机的过程中，改制了一批适用的热带作物生产机具，包括开荒清场用的推树挖根机、清山机、搂根机以及定植用的挖穴机等。之后又根据生产发展需要，先后研制或改制出自动避让松土除草机及施肥机具，植保用机动喷粉机，用于橡胶防风的修枝整形机，橡胶园更新用的液压拔树机等。其他热带作物生产用机械有剑麻起苗机、铣抛机、积肥机及喷灌机械。基本上实现了从种植园基本建设、抚育管理到收获运输、更新、加工各项作业的机械化。

九、因地制宜发展多种热带作物，促进地方经济发展

在橡胶发展的同时，其他多种热带作物也有很大发展，尤其是改革开放以来发展迅速，其科技工作也进一步加强。华南热带作物科学研究院先后扩建了一批以热带作物为对象的专业研究机构，如椰子所、热带农牧所、热带园艺所等。对椰子、剑麻、胡椒、咖啡、木薯、热带牧草、热带果树、香料、南药等进行了广泛深入的研究。各省区也加大了热带作物研究的力度，突出了本地区重点发展的作物对象，取得了明显的进展。

(一) 选用良种，提高科技水平，改变了生产面貌

初期发展热带作物都未经过选种，产量不高。之后在引进国外良种基础上培育自己的新品种，研究解决生产中的关键技术，使生产面貌逐渐改观。

剑麻 20世纪50年代主要种植番麻，产量低，质量差，亩产纤维不到10公斤。60年代改种剑麻，产量质量明显提高，亩产纤维15~30公斤，但其耐寒力差，每年冬季均有不同程度寒害。1963年从东非引进H.11648新品种。试种表明，该品种不仅产量高，纤维质量好，而且适应性广，耐低温，生产上普遍受欢迎。至1978年已推广全国，代替了原来的普通剑麻，产量成倍增加，平均亩产纤维100公斤以上，高产农场亩产达到300公斤。但H.11648易染斑马纹病，影响产量和质量，因此，结合良种推广，研究高产栽培和病害防治等一系列技术，生产面貌大为改观。1996年全国平均亩产纤维261.8公斤，超过世界先进水平。80年代以后，又培育出东16和能抗斑马纹病的粤西114等新品种。

胡椒 20世纪50年代初在海南开始发展，随后引种到粤西、广西、云南和福建等地。胡椒瘟病和北部地区的寒害是胡椒生产的主要障碍。胡椒研究是兴隆试验站的主要任务。50年代后期开始，先后研究了胡椒的繁殖、选育种、种植密度、营养、不同高度支柱以及与橡胶、椰子间作，并与植保所合作研究了胡椒瘟病防治技术，基本控制瘟病为害。其丰产试验胡椒亩产达到600公斤。先后在文昌、琼海、定安等地推广示范，亩产达到150~200公斤。在橡胶园中间种胡椒不仅充分利用了土地，获得一定的胡椒产量，而且促进了橡胶树生长，提高了橡胶产量。粤西试验站针对粤西地区风、寒、旱的情况，研究适合当地的栽培措施。60年代中期，

湛江地区政府根据当地试验情况，决定发展胡椒生产，委托该站举办培训班，培养种植胡椒的技术骨干，成立科技协作组现场技术指导。粤西地区成为仅次于海南的全国第二大胡椒生产基地。

木薯　中华人民共和国成立前，华南地区已有一定面积木薯种植。前广东农事试验场曾做过营养、毒性测定和品种观察。华南热带作物科学研究所于1958年开展系统的研究，收集木薯种质进行整理评价。扩大试种，将木薯种植扩大到长江流域年均气温18℃以上、无霜期8个月以上的地区。20世纪60年代培育出低毒、早熟、耐贫瘠的食用甜薯6068，以后又培育出高产、耐旱、抗寒新品种华南124，均已在生产中推广。80年代以后，培育出抗风、抗寒新品种5002和8013。

咖啡　中华人民共和国成立前在广东、广西和云南已有少量种植。20世纪50—60年代曾一度发展到1.4万公顷。但由于市场因素的影响，生产发展起起伏伏。咖啡生产中存在3个突出问题：一是不同环境下品种配置；二是修枝整形保证均衡高产；三是防治严重为害的咖啡锈病。各地都广泛开展了研究，培育出一批高产抗病品系，如抗锈大粒种纪-1、海-1、海-2等，中粒种8个优良无性系，其产量比实生树高3~4倍，生产种植表现良好。多轮修剪、合理密植、适度阴蔽及病害防治等技术成果在生产上取得良好效果。先后引进了一批抗锈、高产品种，如S-288、喀麦隆、巴西亚、蒙多诺沃、墨西哥小粒种，以及葡萄牙锈病研究中心的卡狄莫系统等。

椰子　我国已有2000年种植椰子历史，主要是民营分散种植，管理粗放，单产水平低，植后8年才结果。华南热带作物科学研究所1958年开始椰子的研究，1980年成立椰子所。1979年农垦和地方先后从马来西亚引进大批"玛哇"良种，产量高，4年结果。随后又引进一些国外品种，并系统地查清了海南的种质资源，培育出新品种文椰78F1，不仅具有"玛哇"相似的高产、早产特性，而且比"玛哇"抗风、抗寒。栽培技术也有很大提高，老椰园的改造、营养诊断、椰园多层栽培等技术的应用，改善了椰子生产面貌，椰子种植面积达到近3万公顷，年产果2.8亿个。分别为中华人民共和国成立初期的6倍和21倍。

腰果 中华人民共和国成立前引种到海南，1958年才开始发展生产和科研工作。同时在华南、西南地区试种。1984年，海南通什接受欧洲共同体援助，在乐东建立腰果研究中心。其科技工作主要由华南热带作物科学研究院腰果课题组承担，课题组组长被聘为腰果研究中心主任。先后开展选育种、嫁接、施肥、病虫害防治及加工的研究。选出了一批高产母树，经嫁接4年结果，产量比实生树高数倍。栽培和病虫害防治技术的应用，使产量有了明显的提高。

（二）引进良种，扩大种植地区，开发新的作物

热带作物中有不少名优特产品，有的在我国已有较长种植历史，但很多未规模生产，有的还停留在试种阶段。

杧果 营养丰富，风味别具一格，素有"热带果王"之称，是世界重要水果之一。在我国已有近千年的种植历史。但中华人民共和国成立前只有零星种植，没有商品生产，品种质量也差。20世纪50年代引进一批印度、泰国、菲律宾品种，经试种后先后选出秋芒、青皮、象牙、吕宋、椰香和白玉等良种推广，产量和质量有很大提高，而且延长了保鲜时间，提高了商品率。80年代以来，华南地区、福建及西南地区大力发展杧果生产，现四川南部地区也已有种植。1996年全国种植面积达到12万公顷，但单产水平有

油梨 不饱和脂肪酸含量高,容易被人体消化吸收,而且低胆固醇、高能、低糖,是良好的保健果品。中华人民共和国成立前已引种到福建、广东。中华人民共和国成立后,华南、西南和福建等地均已试种成功,但一直停留在试种阶段,很少有商品供应。广东、广西农垦部门分别引进一批国外优良无性系,开始建立商品生产基地。四川攀枝花种植的油梨已开始结果。1988年华南热带作物学院为国防科工委①在海南白沙县建立了一个77公顷以油梨为主的百果园。

澳洲坚果 又叫夏威夷果,是一种经济价值很高的名贵坚果。1979年广东土产公司引进,经南亚热带作物研究所试种表明,其生长、抗寒性能良好,生产已扩展到华南及西南地区的7个省区,并已在广西、云南和四川攀枝花建立示范基地。

香草兰 其豆荚含香兰素,是名贵的食品香料。20世纪60年代引进我国,一直处于试种阶段,80年代以来,兴隆试验站和云南省热带作物科学研究所分别进行开发生产,研究其繁殖、栽培和初加工技术,并与有关公司合作建立商品生产基地。现已在海南万宁、琼山等地发展,并列入轻工部开发项目。

芦荟 为我国传统中药,其主要有效成分芦荟苷有消炎、解毒、健肝、健胃等作用。长期处在野生状态,自生自灭。20世纪80年代"两院"和中国中医研究院合作,进行人工栽培、成分分析、毒理试验、试制芦荟饮料等方面的研究。产品经鉴定与检验,投放市场。近年来芦荟化妆品的出现,进一步促进了芦荟生产,在海南已大面积人工种植。

---

① 中华人民共和国国防科学技术工业委员会,为国务院原组成部门之一,简称国防科工委。

热带绿肥作物与牧草　华南热带作物科学研究所从 1957 年开始研究，先后收集、引进 130 多种，从中选出花柱草、新银合欢、象草等在南方 11 个省（区）推广。在海南白沙、东方建立万亩人工草场，建立牧草种子基地，繁殖自己选育的热研 2 号花柱草约 100 万亩。

（三）扩大加工综合利用，开发新品种，生产系列产品，提高经济效益

剑麻　是天然硬质纤维，拉力强，耐海水，是航海、渔业的重要物资。其主要产品白棕绳，在 20 世纪 50—60 年代基本上是手工制作，外观、拉力都较差。经过技术革新、改造和仿制设备，剑麻产品生产的机械化程度不断提高。1986 年用电脑控制技术改造剑麻设备的检测系统，使白棕绳质量显著提高。80 年代以来，先后开发出剑麻地毯、絮垫、抛光轮以及纺织工艺品等系列产品，满足了国内市场需要，还出口到 30 多个国家和地区。其中，在剑麻地毯生产中，科研同生产结合，研究攻克了纤维染色技术，用国产天然胶乳试验成功背衬泡沫涂胶，取代了进口产品。

剑麻副产品综合利用取得突出成就。早在 1958 年，华南热带作物科学研究所加工系就用土法从番麻废渣中成功提取皂素海柯吉宁（Hecogenin，生产甾体激素的原料），并试产成功。改种剑麻后，科研同生产结合，研究解决了混合皂素中海柯吉宁的分离技术，并建厂生产，开发出一种海柯吉宁的新资源。用剑麻废水生产沼气，制取 1 吨纤维产生 250 立方米沼气，用于干燥纤维，相当于干燥 1 吨纤维所需煤量的 60%，既降低了成本，又减少了环境污染。广西热带作物科学研究所用压榨叶片废水培养蛋白酶获得成功。

椰子 20世纪60年代以前，我国主要生产椰干，用以加工成椰子油和椰蓉。80年代以来，随着湿法加工的发展，又生产出椰汁、椰奶、椰奶粉等系列产品。华南热带作物科学研究院研究解决浓缩椰奶分层技术，研制出椰肉磨碎机、椰奶压榨机，生产出浓缩椰奶和椰奶饮料，已建厂投入生产，产品已投放市场。用天然胶乳和椰子纤维制造的椰棕软垫，可作床垫、沙发垫、汽车坐垫，现已生产并销售到河南、山东等地。

咖啡 先后研制出咖啡焙炒机、脱皮机、分级机。"七五"期间，热机所研制出湿法生产线，先后在海南澄迈、白沙及广东南华农场建厂生产，提高了产品质量。用加工废料咖啡果皮酿酒也在澄迈建厂投产。

其他 加工所用二步法工艺生产胡椒油、胡椒碱和胡椒油树脂获得成功，为胡椒增加了新产品。广西亚热带作物研究所从木瓜中提取木瓜酶，用于生产嫩肉粉的技术通过了技术鉴定。

十、建立热带作物科技情报网，开展国际学术交流

（一）建立科技情报网，提供科技信息服务

热带作物是新事业，借鉴国外经验，利用已有的科技成果和资料十分必要。华南热带作物科学研究所在筹建时就成立了情报资料室（以后发展成为科技信息研究所），着手收集国外技术资料。创办《热作科技译丛》期刊，及时为科研、生产提供国外科技信息。以后又创办了《热带作物研究》《热作参考》《热带作物学报》《热作科技报》等期刊，为社会提供大量信息。根据国外报道，获悉东非剑麻试验站培育出剑麻高产品种 H.11648 后，专题向农垦部申报引进，改变了剑麻生产面貌。先后组织翻译出版了诸多

学术专著、科技论文和报告，其中，《三叶橡胶三十年》《马来西亚橡胶栽培手册》《热带作物生态生理学》《橡胶栽培译丛》，以及一系列专题译文，系统地介绍了国外科技成果与经验。1960年在全国热带作物科技会议上，专门讨论了科技情报工作，制定了工作方案，建立了热带作物科技情报网。各省热带作物研究所也相继成立了科技情报机构，创办了热带作物科技刊物。20世纪90年代以来，成立了"全国热带亚热带农业信息交流协作网"，扩大了业务范围，已着手建立全国联网系统，并与国外联网，使科技情报进入了一个新时期。

（二）开展国际学术交流与合作，推动我国热带作物科技步入世界

我国热带作物科技对外交流是比较早的。1956年华南垦殖局李嘉人副局长（时任）和林业部特种林业司何康司长（时任）分别带队到印度尼西亚和印度进行热带作物生产、科技考察。"文革"之前已多次派出专业人员先后到东南亚、坦桑尼亚、古巴等进行专业考察活动。党的十一届三中全会后，各种考察、学术交流活动更为频繁、广泛，交往的范围也不断扩大。1979年华南热带作物科学研究院参加国际橡胶研究发展委员会（IRRDB），参与和组织学术活动。1983年和1990年分别在北京和昆明召开两次年会和学术研讨会。此外，还先后在华南热带作物科学研究院召开了橡胶采胶生理、褐皮病的专业研讨会，有效地促进了我国热带作物科技与世界各国的交流，增进了科技工作者之间的友谊。

对外科技合作有很大发展。华南热带作物科学研究院先后与国外学术机构进行了多方面的合作。其中与设在哥伦比亚的国际热带农业中心在木薯和热带牧草方面开展合作，引进了大批木薯、热带牧草的品种和杂交组合，丰富了我国的种质资源。与法国热带农艺研究国际合作开发中心，签订了长期合作协议；与日本筑波大学合作开展热带农业气候的研究。20世纪80年代初农垦部与联合国粮食及农业组织（FAO）签订的椰子中心建设项目也在椰子所全部实施。这些不仅促进了我国热带作物科技事业的发展，也扩大了我国在国际上的影响。

以橡胶为主的热带作物产业，走过了近50年艰辛、曲折而光辉的历程。作为种植业，天然橡胶发展初期就受到中共中央如此重视，在全国是少有的。正是这种条件使我们取得了巨大的成就，为今后的发展打下良好基础。在跨入21世纪的时候，情况已大不相同了，随着市场经济的发展，对外开放的深入，我国热带作物产业面临着世界市场激烈竞争的挑战，而我国热带北缘地区的环境条件使我国在竞争中处在不利地位。因此，如何使我国热带作物产业继续稳步发展，屹立于世界之林，是科技工作今后的重大课题。

为了发展我国天然橡胶和热带作物事业

——历史回忆片段①

一、引　言

中华人民共和国发展天然橡胶已经 50 年了。华南热带作物科学研究所从开始筹建到现在也有半个世纪。回顾走过的历程，有些事情仍然记忆犹新。

橡胶、钢铁、石油、煤炭是现代工业社会四大原料。橡胶以其独特的性能成为人民生活、工农业生产和国防建设的重要物资，其制品已达 10 万种左右。中华人民共和国成立之初，美国等西方国家对我国实行经济封锁，作为战略物资的橡胶被列为禁运对象。当时的 13 个社会主义国家，都十分需要橡胶，但这种物资在社会主义国家均遭到禁运，而能够种植天然橡胶的地区只有中国华南地区和云南南部。越南南方虽然也可种植，但那时尚未解放。所以，当时苏联领导人斯大林提出中苏合作在中国建立天然橡胶生产基地的建议。中共中央同意这个建议，与苏联签订了《中苏联合发展天然橡胶的协议》。据此，1951 年 8 月，周恩来总理委托陈云同志（时任副总理）主持召开政务院第 100 次会议，通过了《关于扩大培植橡胶树的决定》，对华南地区种植橡胶树作了具

---

① 本文成稿于 2006 年 6 月。

体部署。接着由陈云、叶剑英同志在广州筹建华南垦殖局,时任中共中央华南分局第一书记的叶剑英兼任局长,广东、广西的党政领导兼任副局长,并从地方抽调一批干部,招收了40万名民工。中央军委也作出决定,抽调2万名解放军官兵组建林业工程第一师、第二师和一个独立团分赴粤西、海南和广西参加开垦植胶工作,组成一支浩浩荡荡的农垦大军,揭开了我国大规模发展天然橡胶业的序幕。

对橡胶树我们都很陌生,很多人从来未见过,对它的生长习性、栽培技术都要从头学习。为了解决橡胶发展中的栽培和加工技术问题,根据中央精神,1952年由林业部主持筹建热带作物科学研究机构,隶属华南垦殖局。这是我国成立的第一所天然橡胶科研机构,也就是中国热带农业科学院的前身。

我们这一代热带作物事业的开创者,包括大专院校毕业生、解放军转业与退伍官兵,以及其他有关科教人员,一批又一批地投身到我国以橡胶为主的热带作物生产、科研和高等教育事业的行列。其中绝大多数人为热带作物事业历尽了曲折、艰辛,忍受了无数的、有时甚至是痛苦的磨炼,付出了毕生精力以致生命。回顾这一段历史,且不论其对后来者有无教育作用,作为一束史料也是有意义的。

二、服从祖国需要,走进发展天然橡胶业的行列

热带作物科学研究机构开始筹建是在1952年第四季度,并成立了筹备处。1952年年底只有个别人报到,1953年人员才陆续到位,都直接来到研究所的筹建处。我是1952年8月从湖北农学院分配到华南垦殖局,以后才从华南垦殖局来到华南热带作物科学

研究所。类似我这种情况的还有项斯桂、贺鹰抟、臧向莹、郝永禄等同志。这段时间对我来说是难以忘怀的。

我们在分配来华南之前，因为湖北农村急需技术人员，湖北省农业厅（今湖北省农业农村厅）已于1952年7月中旬将我们提前分配到各个县参加扑灭蝗虫的工作。但是，由于这一年中央开始对大专院校毕业生实行全国统一分配，湖北省农业厅为此受到了批评，并将我们从各县调回来参加中央的统一分配。于是我们匆匆回到武昌参加全省高等院校毕业生的学习。学习个人利益服从国家利益、根据国家需要到祖国最需要的地方工作的道理。这对我们来说确实感到很突然。我所在的班级有40余人，只有13人被分配到华南垦殖局，其他人仍都留在湖北省内。我们这些学生绝大多数从未出过远门，原来分配的工作单位都位于离自己的家比较近的县，或者就在自己的家乡县。现在，全国统一分配，把我们分配到了遥远的南方边疆，实在出乎意料。但是，大家在经过学习后充分认识到祖国建设的重要性和无条件服从革命工作需要的意义，个别年纪较大的同学还介绍了他们在旧社会所见、所历毕业即失业的遭遇，说明今天国家对我们统一分配是我们的幸运。所以同学们都愉快地接受了统一分配的任务，告别了自己的父母和亲人，义无反顾地踏上了建设新中国的征途。

我们被分配到华南垦殖局，这个单位在何处？干什么工作？当时还不知道。我们一行乘粤汉铁路南下的火车，经过一天一夜来到广州，车站外已有人开车等待我们。说来也巧，接我们的是后来"两院"基建处副处长邱志清同志，他当时是华南垦殖局广州办事处秘书科的工作人员。他带着一辆苏联的喀斯2.5吨载重的卡车，把我们接到了位于沙面珠江路的华南垦殖局广州办事处，也就是后来华南热带作物研究所的所址。在这里碰到武汉大学毕业分配来的贺鹰抟,他早在数月前已加入全国高等农林院校1000余名师生组成的队伍,在叶剑英同志的领导下对华南地区进行勘察,选择橡胶树宜林地。从他那儿我们才对华南垦殖局有了初步了解,并且对外还要保密。我们知道了参加这个工作的意义,同学们感到十分高兴和光荣。因为贺鹰抟从武汉来此往返过几次,比较熟悉,办事处委托他带我们乘船到华南垦殖局的所在地湛江。

乘轮船在海上行驶,对我们这些人来说是第一次。轮船从广州沙面对面的珠江上出发,开始很平稳。同学们都在甲板上观看两岸的青山绿水,一派南粤风光。沿途经过了白鹅潭以及许多我们不知名的地方。从林则徐销烟的虎门旁边经过时,船上的服务员还特别为我们作了解说。船到珠江口后,风浪逐渐大起来。轮船的颠簸使同学们感到难受,观赏的兴致都逐渐低落,陆续回到自己的床位。风浪越来越大,半夜时轮船已经不能行驶,只好停留在两座山之间。船身仍然颠簸得十分厉害,很多人已经呕吐,开始是吐晚餐的食物,接下来是吐黄水,黄水吐完了就吐绿色的胆汁。起初,顶得住的同学还可照顾一下反应重的同学,到后来谁都不能动弹了。同学们相互关心、照顾的情形至今难忘。第二天下午轮船到达湛江,到岸后每个人都像生过一场大病。第一次乘坐海轮就让我们饱尝了在海上行船的滋味,给每个人都留下了难忘的记忆,以致很长时间对乘坐海轮心有余悸。1958年4月,研究所从广州下迁海南时,我才再次乘坐轮船从广州来到海口,不过这一次已经没有第一次那样的强烈反应了。

在此,我要特别记述一下同来的陈增健同学。在我们还没有正式分配的时候,他就临时参加华南垦殖局组织的勘察设计工作,也就是到野外选择橡胶树宜林地,规划农场建设。他在野外工作几个月回到海口整理资料,可以待一段时间。这时组织上照顾他,同意他爱人带着两三岁的女儿前来探亲。他是湖南人,他爱人带着小孩从湖南农村经过一个多星期的长途跋涉到达湛江时,从海口传来消息,陈增健因生病一直高烧不退,医治无效已经病故。原来陈增健在野外工作期间,被带有疟原虫的蚊子叮咬过,患上了恶性疟疾。一般情况下,疟疾的症状是周期性地发冷、发热,而恶性疟疾则高烧不退。当时的医务人员缺乏这方面经验,没有诊断出来,而当作一般的发烧医治,没有抢救过来。中华人民共和国成立前,海南是恶性疟疾流行区,老同志都会记得,中华人民共和国成立初期到"文革"之前,我国医疗卫生部门在"两院"试验场联昌站一直设有研究蚊子的防疫站,就是为了消灭恶性疟疾。现在这种病已经没有了,但由此可见,我国热带作物事业开创之艰辛和付出代价之惨重。同时,也借此纪念当年的老同学。

三、研究所下迁海南,开始艰苦创业的历程

研究所经过1953年的筹备,1954年4月1日正式在广州成立。所址就在广州沙面,中华人民共和国成立前是英国领事馆。广州是华南最大的城市,工作、生活条件都是不错的。但是作为大田作物的研究机构,最基本的试验在大田开展,因而科研人员每年都有一半的时间出差到海南或粤西地区进行试验。虽然研究所在海南和粤西设有两个试验站,但面积都很小,很多试验都要到生产农场进行。尤其是那个时代特别强调理论联系实际,科研结合生产,知识分子同工农群众相结合。所以研究所要迁到生产中心,早已在讨论之中。

1956年研究所划归农垦部领导,所址下迁已提上议事日程。1957年春,农垦部派来何康司长到研究所任所长,同时也带来农

垦部下迁研究所的决定。首先抽调了一批科研骨干加强海南和粤西两个试验站，随后又派出有关人员组成工作组，到海南儋县等地勘察所址。1958年，华南农学院准备在海南创办分院。经协商两家办在一起，相互依托，实行科研教学相结合。将所院址选定在现在院校的所在地。这里距离儋县县城那大15公里，离海口150公里，基本上是一片荒地，仅有地方华侨农场所属的3个分场。周围有几间瓦房和茅屋，周边有几个村落，完全没有社会依托。当时把所址选在这里的是考虑了两个因素：一方面，儋县地处海南岛西北部，其热量虽不及南部的三亚、保亭等地，冬季偶有低温寒流的影响，但台风发生频率低，风害较轻，在我国热带北缘地区有一定的代表性，是我国种植橡胶树最有利的地区之一。另一方面，儋县也是海南最大的植胶县，而且周围有8个以橡胶为主的国营农场，为科研、教学同生产相结合提供了有利条件。

当时我国尚处在严格的计划经济管理之下，重要物资包括人民生活所需基本粮油和副食品都由国家计划供应。而这种供应又是按照政府行政系统一级一级下拨的，下到农村基层数量已经很少。研究所刚搬来不久，就遇上三年困难时期，国家供应的东西更少。不仅是科研、教学工作所需的设施，而且衣食住行等生活必需品也都主要靠自己生产。

研究所从广州下迁时有200~300名职工家属，办公和食宿都集中在原联昌试验站数百平方米的平房里。本来留在广州的少数后勤工作人员和所有家属子女，准备在新址建起一批简易砖瓦平房后再从广州搬来，但原所址的房屋已由广东省政府交给新创办的华南化工学院，1958年9月要开学使用，房屋必须在9月底前腾空，所以这些家属子女都涌到了联昌试验站。一时要安排数百人的衣食住行，又遇上海南的一场大台风，其困难现在是难以想象的。当时只好采取一些临时措施,将年纪大些的专家安排两家住一间房,中间用布帘隔开。年轻人不论有家无家,都几个人住一间。当年招收的大学生,则临时盖起十几间茅草房作教室和宿舍。再说烧柴,海南不产煤炭,无论集体食堂还是职工自炊,都是到山上砍柴或捡柴。所以每逢休假日或台风过后,职工包括高级研究人员在内,都是全家带着扁担、砍刀到橡胶林段去捡橡胶枯枝或断倒树枝。这种状况一直持续到改革开放,薪柴才逐渐被煤气所代替。生活用水则要靠自己挖井,何康院长亲自带领有关人员寻找水源,先后挖过几次井。职工家用都是自己到井边去打水提水。用电也是自己用柴油机发电,从5千瓦、25千瓦、50千瓦到100千瓦的发电机组逐步发展,以后又建设了水电站。为了职工子弟的教育,先后办起托儿所、幼儿园、小学以至中学。工作方面,刚下迁时,集中精力建设试验基地。科研人员基本上都下到试验队,试验队队长也由科研人员兼任,同工人实行"三同",一同劳动、生活、开荒种地,并布置基本试验。

1959年开始,进入三年困难时期。在"大跃进"中从城市搬到农村的一些科研、教学单位纷纷搬回了城市,华南农学院的海南分院也转交给农垦部与研究所实行统一领导。1960年又接收一批退伍军人,人员迅猛增加。物资供应更为紧张,职工口粮定量每月只有9.5公斤,大学生每月也只有11公斤,还搭配番薯干。有时没有大米,要自己派车去拉稻谷回来加工。甚至出现过因为公路被冲坏,稻谷不能及时拉回而不得不动员职工到山上割野菜充饥的情况。其他副食品几乎没有供应,全靠自己生产。好在研究所有大片土地,所以,在坚持科研、教学工作的同时,响应国家大办农业的号召,自己种粮食和蔬菜,并取得丰收,以此渡过那几年的难关。1960年周恩来总理到所院视察时,品尝了用所院职工自己生产的木薯做的点心。

随着国家经济好转,所院科教事业的发展,党和政府采取了一些措施,如贯彻"科研 14 条""高教 60 条"等,使状况逐步得到改善。但是所院初期这段创业经历,当时的老同志是永远不会忘记的。尤其值得赞扬的是,在当时那样艰苦困难的条件下,所院科教人员和广大职工都怀着饱满的政治热情、革命乐观情绪投身在所院科教事业和建设中,经受了考验,没有人退却。探讨其原因,可能有多方面的因素,但我想有一点是很重要的,那就是所院领导特别是何康院长强烈的事业心和身体力行的表率行为对大家的感染。何康同志是我国热带作物科教事业的开创者,也是这方面的专家。中华人民共和国成立前他是一位长期从事地下工作的革命家。他从农垦部来所院之前,我国政府已准备派他去驻外大使馆任职,但他主动放弃了这次难得的机会,选择了到研究所任职,与所院科教人员、广大职工同甘共苦奋斗了近 20 年。他升任农业部领导直到离休后,还一直关心和支持院校事业的发展,多次回到宝岛新村看望大家。"两院"人至今也忘不了他。

四、椰子研究的曲折发展和付出的代价

热带作物的科学研究是同生产紧密联系的。橡胶以外的其他热带作物生产经历了多次起伏波动,其研究也经历了一个曲折发展的过程,有的甚至付出了沉痛的代价。我在研究院主要是搞科研管理,从事研究工作的时间不长。唯一研究过的对象就是椰子害虫,所以椰子研究过程中经历的一些重大事件还留在记忆中。

1958 年,为了适应生产发展形势,研究所成立了热带作物系,并按照作物(如硬质纤维、木本油料、香辛饮料等)设立研究组。

热带木本油料作物就是一个比较大的研究组,其中一部分人研究油棕,一部分人研究椰子。当年由邓励先生带领课题组的部分人员,对全岛的椰子、油棕生产情况进行调查,几乎跑遍了所有生产椰子、油棕的县市,并在此基础上选择文昌东郊公社建华山大队作为椰子试验点。椰子没有院内基地,只好到生产队中去建立试验点。文昌是当时海南种植椰子面积最大的县,东郊公社建华山大队是专业椰子生产队,所以被选择作为试验点。油棕在油料作物中单位面积产油量最高,因此,1960年前后海南曾大力发展,种植面积达到30万亩。研究所对它投入的研究力量也比较大。由于开始对它的习性认识不清,品种和选地不当,种植后基本上没产量。经多年研究以后才认识到海南适合油棕生产的地区范围很小,仅南部三亚、乐东一带可以种植。而椰子在海南已有2000年的种植历史,农民也有种植的经验,中华人民共和国成立初期已有7万~8万亩的面积,所以椰子应是海南热带作物发展的重点,但这是后来才逐渐认识到的。

在建华山大队蹲点研究期间,正是三年困难时期。在相当长一段时间内,蹲点人员每天只能吃两餐稀饭,还要加番薯干,根本谈不上食油。生产大队为了照顾研究人员,有时用食盐炒些椰丝作菜,也算补充一点油脂。有时社员出海捕鱼,也送给研究人员一些文昌特产的飞鱼,这是最好的享受了。试验工作主要在大田,而且有些试验还要爬上椰子树骑在椰子叶片上操作。研究椰子害虫的有我、张钧和黎景秀3人,爬椰子树的工作主要是黎景秀同志承担。搞椰子栽培研究的同志,爬椰子树更多。1960年,搞椰子栽培研究的张贻仙同志,在爬上椰树做生物学习性观察时,因为一阵风刮过,椰子树叶突然从树上脱落,使张贻仙同志从树上跌落下来,脊椎骨磕到地面的一个椰子壳上,使脊椎骨受伤,虽经多方医治也未能恢复，以致终身残疾。此后，张贻仙同志不能再做科研工作了，但她以坚强的意志和毅力，自学掌握了英语和日语，坐在轮椅上从事科技情报工作，一直辛勤劳动着，这种精神值得大家学习。

  改革开放后，椰子作为海南仅次于橡胶的第二大热带作物发展起来。根据中央科技工作必须面向经济建设的方针，为加强椰子的研究，急需建立自己的试验基地。为此，华南热带作物科学研究院组织有关专家和科技人员，在海南各地进行考察，寻找适合建立试验基地的场所。在此过程中，热作所的所长何敬真教授、邓励教授、江式邦同志、林鸿雁同志等在一次考察中出了车祸，邓励、林鸿雁两位同志牺牲，何敬真、江式邦严重受伤，付出了极其沉痛的代价。他们为后来的研究铺下了道路，创造了必要的条件，我们是不应该忘记他们的。椰子试验基地经农垦部批准，在海南农垦局的大力支持下，由海南农垦橡胶研究所划出清澜港附近4个生产队给华南热带作物科学研究院，于1980年正式成立华南热带作物科学研究院文昌椰子试验站，以后改为研究所。随着科技体制改革的不断深化，椰子所正在改制向企业化发展。我们祝它在新征途中不断取得新的成果。

我参加天然橡胶发展最初的抗灾活动[①]

我国天然橡胶业是在不断抗御自然灾害中发展起来的,我参加工作的第一项活动就是我国天然橡胶发展过程中的第一场抗灾工作,此次抗灾活动一直铭刻在我的记忆中。

那是1952年8月,我和同班13名同学,从湖北农学院毕业分配到华南垦殖局。开始也不了解这个单位,直到乘火车到广州,转乘轮船到湛江,到达华南垦殖局的所在地后,才知道我们的工作是种植橡胶树,而且对外保密。在此之前,我们虽然骑过自行车,穿过球鞋,知道它们都用橡胶生产的,但并不知道橡胶的来源,更没有见过橡胶树,对橡胶树可以说是一无所知。到华南垦殖局后,才认识到发展天然橡胶的重大意义。

正当我们准备分配到华南垦殖局下属单位的时候,一场热带风暴经过海南岛,造成橡胶苗严重受害。于是我们大部分同学被留下来参加处理受害种苗的工作。由于橡胶树种植任务紧迫,而种植的种苗完全依靠中华人民共和国成立前留下的少量橡胶园采集的种子来繁殖,橡胶种子非常宝贵,"一粒种子一两黄金"。为了保证育苗任务,大部分种子都集中在海南临高的木排(现在的西流农场)育苗,面积数千亩,号称亚洲第一大橡胶苗圃。遭到台风袭击后,这些种苗还能不能种植关系到第一批橡胶发展的任务能否完成。橡胶树种苗受害后根皮有发黑现象,怀疑发生了病

[①] 本文成稿于2006年6月。

害，所以为了处理这批橡胶树种苗，还从华南农学院请了2位植物病理教授以及3位讲师和助教。再加上我们植保专业的六七名同学，共10余人，在华南垦殖局垦殖处一名科长带领下前往海南木排苗圃。

当时湛江到海安的公共汽车很少，局里派出一辆苏制2.5吨载重的货车送我们到海安。海安只有几间破旧的木板房和草房，供来往旅客食住。一般车辆难以渡海，华南垦殖局运送物资和苏联专家的车如有需要，就从海军调用登陆艇。海安到海口的渡船，每天只有一班，我们已赶不上当天的班次，只好在海安住一晚。因为有专家，我们没有住私人旅店，住进了华南垦殖局专为苏联专家建的砖瓦平房招待所。次日乘船渡海，船在琼州海峡走了约半天时间才到达海口。这也是我第一次踏上海南岛。我们先到海南垦殖分局，分局陈克攻副局长带领我们一起前往木排苗圃。毋庸讳言，当时的海南岛确实很荒凉，荒山野岭，野兽出没，人烟稀少。记得有几次，晚上我从木排苗圃回海口去消毒培养基，司机开着车在公路上行驶，沿途不断见到滑鼠蛇、赤麂、兔子等出没。司机打开车灯，一般野兽都会跑掉，只有兔子沿着灯光向前跑，只要公路是直的，司机一加速，一定会撞上兔子，一路上可以捉到很多兔子，有时还可以捉到滑鼠蛇。每往返一次海口，司机都会有不少收获。当时的海南岛虽荒凉，但青山绿水，碧海蓝天，到处都是等待开垦的处女地。

经过现场检查，橡胶幼苗根部几乎全部受到伤害，严重的根皮脱落、发黑，都是台风摇撼造成的。经过分离培养长出细菌，不过都是弱寄生菌或腐生菌。由于当时都是第一次见到橡胶树苗，也从未见过这种受害状况，为了保险起见，橡胶树苗均进行消毒处理，即将泥土混以杀菌剂加水拌成泥浆，将橡胶树苗根插入泥浆中，使之粘上一层混有杀菌剂的泥浆，然后运往各垦殖场定植。为了迅速处理这批橡胶树苗，从临高县各地临时招收了一批农民进行处理。这些农民都讲方言，我们与他们交流时，还要带上翻译人员。这样夜以继日地大约工作了一个多星期，终于完成任务。这项工作结束后，同学们才分别分配到粤西和海南农垦分局或其下属垦殖场，我则留在华南垦殖局的垦殖处。

这批橡胶树苗种植后生长如何？我曾经先后几次到那些种植的垦殖场跟踪调查，结果表明这些苗木都恢复生长很好，伤口都已愈合，说明橡胶树的再生能力很强。

但是灾害不只这些。第一批发展的橡胶，是根据最初提出的"先内陆后海南，先草原后森林，先平原后丘陵"的方针种植在粤西、合浦和海南北部草原地区。这些地方土地贫瘠，常风大，特别是冬春寒潮低温，橡胶树苗受害严重，生长差，死亡多。受害苗大多茎基部、根部发黑，因此初步推断除低温外，也许还有病害的因素。1953年冬，我又参加了由华南垦殖局垦殖处的技术人员和研究所的专家，包括育种和植物病理专业人员组成的调查组，对这些受害苗进行调查。我们在两名科长的带领下，乘坐一辆苏制2.5吨载重的卡车，为时1个月，走遍了湛江北部地区的垦殖场。从受害苗的表现和当地气象资料分析受害的原因，明确完全是由低温寒害所引起，与寄生性病害没有关系。调查成员中有一位研究所的植物病理研究生周先生，沿途即使坐在颠簸的卡车上，也是专心致志地学习一本科技速成俄语课本，这是华南垦殖局垦殖处请苏联专家的夫人教我们俄语用的教材。调查结束时，他已将这本教材学完，掌握了第二外国语俄语（他原来已有很好的英语基础）。他这种充分利用时间学习钻研的精神使我深感钦佩，给我留下深刻印象，以后研究所组织我们学外语时，我就会想到这件事。

通过调查总结使我们进一步认识到，了解橡胶树的习性和本地区的环境特点，是种植橡胶树的前提。一方面，巴西橡胶原产于巴西亚马孙河流域，喜高温高湿和静风的环境，温度要均衡，年平均气温 23~25℃，土壤要比较肥沃。所以，世界各地的橡胶树都分布在低海拔的赤道以南 10°到赤道以北 15°之间。占世界天然橡胶生产 90%以上的东南亚就是这样的环境。另一方面，我国植胶区地处热带北缘，年平均温度虽然不低，但变幅大，冬春有低温，降水也不均匀，旱季长，土壤贫瘠。尤其是夏秋有台风，常风也比较大，同典型的热带地区相比有明显的差距。因此，根据我国植胶区的环境特点，我们应该首先选择环境，进而改造环境。第一批大规模发展橡胶，一方面迫于当时的形势，任务紧急，另一方面也因我们对此缺乏认识，以致遭受严重挫折，这是应该吸取的教训。

一次明确天然橡胶选育种
工作方向的会议[①]

1962年农垦部在广东湛江召开全国橡胶选育种工作会议，这是一次端正橡胶选育种方向，明确选育种方针、任务的重要会议，对我国橡胶选育种工作具有指导意义。我作为当时研究所植保系的学术秘书参加了这次会议。

会议在湛江市海滨招待所召开。看到海滨招待所，就使我想起我国发展橡胶初期的一段往事。中华人民共和国成立初期，鉴于当时国际形势，根据当时苏联领导人斯大林的建议，我国同苏联签订了《中苏联合发展天然橡胶的协议》。由苏联提供资金，技术装备，中国出劳动力、土地。为此，苏联派出了专家顾问团60余人，提供了一批拖拉机、机具修配设备和运输车辆。海滨招待所就是为苏联专家办公和生活修建的。当时华南垦殖局设在湛江。斯大林去世后，苏联新领导人撤销了合作协议，专家也陆续撤离，只留下一名帮助研究所工作的遗传育种副博士叶尔马可夫，直到研究所下迁海南时才回国。因此，橡胶发展初期受苏联专家的影响是难免的。当时，我们对苏联专家的意见是很重视的。植胶林地采用机械化全垦，这显然是苏联开办谷物农场的耕作措施，但不适于要求森林环境的橡胶树种植。当然，他们也和我们一样对橡胶树的习性缺乏认识，没有经验。苏联独树米丘林学说，反对摩尔根学派，主张培育本地品种，排斥外来品种。我国橡胶树选

[①] 本文成稿于2006年6月。

育种工作是否受到苏联专家的直接影响，我没有同他们接触过，不了解情况，无从推测。但是，他们这种独尊米丘林、反对摩尔根的学术思想影响到中国选育种学术界，是十分明显的。

再说育种会议，橡胶树是多年生作物，生命周期很长，其经济寿命也有几十年。种下去后几十年的产量就已确定，难以改变了。所以选择高产优良品种十分重要。中华人民共和国成立后，迫于当时的形势，大规模高速度地种植橡胶树，而其种子来源都是中华人民共和国成立前的老胶园。时间上不允许，种源也受到限制，谈不上选择高产良种。种植的大多是未经选择的实生苗，即使芽接苗也是未经选择的普通芽条，所以产量都很低。在第一批种植的橡胶树苗遭受挫折后，国际形势有所缓和，我国又和锡兰签订了橡胶协定，进口橡胶有了来源，中央调整了植胶方针，缩小了规模，放慢了速度。这时，我们本可以从容选用高产良种。东南亚橡胶选育种工作已进行了几十年，培育出二生代、三生代的高产良种。我们已有可能通过多种途径，特别是通过爱国华侨的帮助从东南亚引进这些高产良种。1954—1955年，已有爱国华侨引进了PB86、PR107、RRIM600等高产优良品系。海南农垦生产部门已进行试种观察，对PB86进行较大规模的生产性试验。但当时学术上受苏联米丘林学说影响，排斥摩尔根学派，主张只能选用适应本地环境的本地品种，排斥外来品种，以致影响外来品种的推广。因此早期种植的大多是低产实生树和未经选择的芽接树，国外高产品系种的不多，占比很小，所以产量提不高。

这次育种工作会议召开之前组织参观了海南、湛江的各育种站，交流了经验，为会议作了准备。1962年6月24日正式开会，农垦部刘型副部长（时任）主持，他在开幕词中明确这次会议的任务，肯定了选育种工作取得的成绩和存在的问题。他特别指出排斥摩尔根学派的错误，不仅违背了百家争鸣的方针，而且给生产带来了不利影响。会议通过充分发扬民主，认真讨论总结了几年来育种工作的成绩、经验和教训，明确了今后选育种工作的方针任务。会议通过了《育种站工作暂行条例》《选育种、良种繁育技术暂行规程》《橡胶选育种工作的经验总结与今后的任务》等几个文件。提出在国内外优良无性系的基础上，用有性、无性交替并进的办法选出次生代以上的优良品系的方针。同时，也不放松国内抗性强、产量高的橡胶树初生代无性系的选择。最后，刘型副部长对会议进行了总结，进一步阐述了我国橡胶树选育种工作的经验教训，明确了今后要做的工作。他提出育种工作必须全国统一布局，在国内抗性高产品系尚未选出前，生产上必须以国外优良品系为主。广东省农垦厅罗耘夫副厅长（时任）、研究所何康所长（时任）都分别在会上发言。罗耘夫副厅长讲了对国外品种的认识、使用意见，以及良种要求的农业措施。何康同志主要介绍了国外橡胶树选育种经验与问题，对今后选育种工作提出具体意见。会议取得圆满成功。从此，我国橡胶树选育种工作走上了正轨。

这次会议后，农垦部正式颁发了会议通过的几个文件。各个垦区进一步加强橡胶树选育种工作，加强了对外引种。华南热带作物科学研究所还先后派出专人到我国驻锡兰、印度尼西亚大使馆，专门从事引种工作。广东垦区开始大规模进行纯国外优良品种和国内外优良品种间的人工授粉工作。同时，进行国内外优良无性系，特别是国外优良无性系试种鉴定工作，迅速提高了国外优良品系的种植比例。云南开始发展橡胶产业，这里没有台风，土壤也比较肥沃，全部使用国外高产品系。所以20世纪90年代以来，云南的橡胶单产水平一直居全国首位，达到世界先进水平。

热带作物植物保护工作现状及今后工作意见[①]

一、热带作物病虫害发生和为害情况

植物保护是热带作物生产中极其重要的一项工作。追溯世界热带作物栽培的历史可清楚地看到，各种病虫害和杂草对热带作物的为害是十分严重的。由于一种病害或虫害限制一种作物在一个地区的发展是不多的，而热带作物生产中却不乏此例。目前我们正大力发展的巴西橡胶，原产于巴西，那里有它生长最适宜的自然条件，但巴西的橡胶业至今未能大规模地发展起来，重要原因之一就是南美叶疫病为害。早在20世纪20年代，叶疫病摧毁了圭亚那的橡胶树栽培业。随后，美国企图在南美洲建立天然橡胶基地以和英国、荷兰等国在东南亚的橡胶业相抗衡，也因叶疫病的为害，终未如愿。1934年福特和固特异两个公司先后分别在巴西、巴拿马和哥斯达黎加购置了大量的土地，建立了规模很大的橡胶园。起初橡胶树生长很好，当植株连片成林后，连续几年的叶疫病为害，使这些橡胶园完全失去了经济价值，以致这些公司不得不放弃原来的企图。咖啡锈病是另一个突出例子。锡兰本是

---

① 本文是作者1962年撰写的文献综述，为制定"1963—1975年科技发展规划"提供的背景材料。

世界上最大的咖啡生产国，咖啡在其国民经济中占有很重要的地位。19世纪末，因受到叶锈病的侵袭，使其经济几乎崩溃。由于病害不断蔓延，咖啡产量锐减，从原来的年产4.2万吨降至2.3万吨。咖啡种植者只好纷纷放弃种植咖啡而改种茶树。

其他病虫害严重为害的事例很多，几乎每一个热带地区都有其突出的病虫害。如锡兰的橡胶白粉病，据锡兰工业委员会1950年报告，由于白粉病为害，在高山地区引起橡胶树衰颓，使他们较好的植胶区至少有11万英亩①的干胶产量从每英亩500磅②降至200磅，几乎丧失了经济价值。马来西亚的根腐病，特别是白根病，是橡胶生产中的重要问题。据他们估算，轻度、中度和重度发病使橡胶生产量损失分别为20%、30%和45%，如以第十年刈胶树每英亩损失1株计，每100英亩潜在产量损失就达27800磅。季风性落叶病在东南亚和南亚相当普遍，特别是在印度和越南为害严重，使胶乳产量减少一半，而且每年都会付出昂贵的防治费用。其他病害，如刈面条溃疡病、刈面霉腐病在东南亚和非洲都有一定为害。

其他热带作物方面，咖啡锈病、虎天牛在东南亚和南亚地区普遍严重，尤其是虎天牛在印度为害严重。据Fredarick C. W. (1955) 估计，全世界由于病虫害使咖啡产量损失约1/3。可可受盲椿象、肿枝病、黑果病的为害严重，据Hale S. L. (1953) 估计每年造成的损失近20万吨，占当时世界可可产量（70万吨）的近30%。加纳为了防治介壳虫和肿枝病，1954年砍除了2500万株可可树，占全国种植数量（4亿株）的6%。在太平洋一些岛屿上，椰子犀角甲虫对椰子为害也很严重，尤其是菲律宾，第二次世界

---

① 1英亩≈4046.86平方米，全书同。
② 1磅≈453.6克，全书同。

大战时期由于战火对椰子的创伤,导致犀角甲虫入侵,使菲律宾的椰子几乎被摧毁。

杂草在东南亚、南亚及非洲的种植园是一个突出的问题。热带地区的自然条件和气候环境,十分有利于杂草的滋生。

我国以橡胶为主的热带作物产业发展中,上述许多严重病虫目前尚未发生。如橡胶叶疫病、白根病、季风性落叶病以及可可肿枝病,等等。有些则不及国外严重,如白粉病不及锡兰严重,根病类不及马来西亚严重,椰子犀角甲虫也比国外轻。但是我们也应看到,我们大规模发展橡胶为时尚短,其他热带作物还不具规模,面积很小,各种病虫草害尚未完全显露。热带作物又都是多年生作物,各种病虫害在新作物上发生需要一定的时间。随着生产的发展,各种病虫草害必将日趋严重。近年来橡胶上各种病害的发展就是明显的说明。例如,白粉病过去只在老胶园和苗圃发生,近年来由于新胶园连片成林,白粉病为害日益扩大,现已遍及海南、湛江、广西、云南和福建各垦区。1959 年华南地区白粉病大流行,不少农场橡胶树落叶,个别农场推迟割胶 1 个月以上。据国外测定,一次完全落叶减产胶乳 10%~20%,其损失可以想见。1960 年白粉病害比 1959 年轻,广东垦区用于 60 万亩面积的防治费用就达 166.6 万元。1962 年湛江垦区白粉病害发生很轻,但防治费用也达到近 20 万元。根病类近年也日趋严重,海南垦区几个农场的调查,根病为害率大于 0.41%。海南农垦局估计全区发病率 0.6%。云南河口个别农场根病为害达到 0.9%。值得注意的是刈面病害的发生,1961 年云南开始发生刈面条溃疡病,经鉴定是属于 $Phytophthora$ sp. 所致的病害。云南热带作物研究所 1961 年 12 月和 1962 年 2 月在景洪、橄榄坝和研究所内调查,开割 2 年的植株受害率 52.9%,当年开割树受害率 17.7%,割面溃烂达 100 平方厘米以上的占12%。海南地区刈面病害过去只在老橡胶园发生，为害很轻，1961年在新橡胶园也出现，当年东太农场3万株橡胶树受害，占开割树的6%。1962年受害农场增多，为害严重。其中东兴农场感病6万株，比上年增加1倍，直接影响割胶。此外，云南和湛江地区鼠害对新定植的胶苗也有一定为害。

咖啡锈病、虎天牛和旋皮天牛在广西、云南对小粒种咖啡有一定为害。介壳虫类对海南的咖啡和可可生产也有一定影响。其他如椰子犀角甲虫、象鼻虫对椰子、油棕的侵害也值得注意。

至于杂草，特别是茅草，是当前胶园管理中一个突出的问题。据海南部分农场的反映，每年用于除草的工时占全年橡胶园管理的40%，有的高达60%。

以上只是我国发展橡胶为时不算太长的时间内所发生的情况。对那些国外严重而国内尚未发生的病虫害，今后是否会发生或传播进来，还值得我们密切注意。同时，我们还应看到，由于我们所处地区自然环境与其他热带地区有所不同，有些国外没有或国外虽有但为害不重的病虫害，在我国可能发生或为害严重。如云南的割面条溃疡病和海南的刈面霉腐病，由于低温的影响就比锡兰和马来西亚等地为害严重。1956年曾一度在海南文昌为害橡胶幼树的黄褐树螽，在云南为害咖啡的旋皮天牛，国外还未见报道。所有这些事实都应引起我们的警惕和重视，及早加以防范。

二、国内外科技现状和取得的成果

（一）国外植保研究

世界各栽培热带作物的国家，都十分重视植保工作，广泛开展病虫草害防控的研究。美国鉴于福特和固特异两公司在南美洲开发橡胶失败的教训，1940年由美国农业部和13个国家签订了一项合作协定，分别在哥斯达黎加、危地马拉和海地建立了3个区域性橡胶试验站。美国为这一协定每年拨款30万美元，主要从事南美叶疫病的研究。巴西也有类似的试验站。马来西亚、印度尼西亚、越南、印度、菲律宾、锡兰以及非洲等国家和地区，均设有专门的植保研究组织或人员，长期对橡胶、咖啡、可可和椰子等的病虫害进行广泛的研究。马来西亚橡胶研究所现有病理和昆虫方面的高级研究人员5名，近期还聘请了1名除莠专家，其新任副所长也是病理专家，可见其重视程度。在印度还设有专门研究椰子病虫害的试验站，葡萄牙和印度有专门从事咖啡叶锈病的研究中心。联合国粮食及农业组织1959年和1960年分别在加纳和科特迪瓦召开了可可与咖啡技术会议，植保问题都是讨论的中心问题之一。

国外对病虫草害的研究，有较长的历史，取得了不少成果。现简单介绍如下。

1. 病害研究

（1）病原菌生物学。对橡胶树几种主要病害的病原菌均进行了生物学研究。在南美洲研究了叶疫病的生物学和病害的流行。*Phytophthora* 是季风性落叶病、条溃疡病等多种病害的病原菌。在非洲、东南亚等各地对它的形态鉴定、菌系特性、生活史、发病条件等进行了广泛的研究，并取得一定的成果。根病类在马来西亚研究最多，成果也比较突出，如各种根病的鉴别，菌索在土壤中的形成、蔓延，主要根病（白根病、红根病等）的病根碎片在土中存活时间，气传孢子及纯培养的致病力，人工诱发子实体的技术等，均已取得成果。白粉病则以锡兰、印度尼西亚研究较多，对野生寄主、病害流行条件、病原越冬方式提出了不少看法，但缺乏统一的分析，虽有不少一致的认识，也有相互矛盾的意见。马来西亚对割面霉、麻点病等进行了病原分离鉴定和发病观察。

其他热带作物病害以咖啡锈病的研究最多、历史最久。关于病菌生活史、生理小种、病害流行等有不少研究成果。其他如可可、椰子等的主要病害也有一定研究。

（2）化学防治。使用化学药剂是国外防治热带作物病害的主要手段，针对各种主要病害大多找出了一些有效药剂。例如，硫黄粉一直是白粉病的特效药；锡兰曾报道敌螨普（Karathane）同样有效，但未见推广；在南美洲，用不溶性铜和代森锌Z-78防治叶疫病有效，尤其是后者效果更佳；在东南亚，为防止白粉病传入，曾试用2-T、4-T、5-T防控橡胶树落叶取得成功；季风落叶病仍以波尔多液防控效果最好；针对割面条溃疡病和霉腐病已找出几种杀菌剂和涂封剂，如Antimucin、Fylomac90、塔酸杀菌剂、Kankerdood，以及马来西亚早期使用的Agrisol和Izal等；对根病的防治，马来西亚提出一套系统的从新种植园到老种植园再到更新区的防治方法，在药剂方面主要用硫酸铜、塔酸杀菌剂；在锡兰近年推广了1% Tillex；此外，马来西亚对根病的毒杀树桩也进行了研究。

针对农药辅助剂的应用国外也曾进行研究，如硫黄粉的增效剂。在防治叶疫病和麻点病的药剂中加黏着剂和铺展剂可提高防治效果。在机具方面，1929年和1954年已分别在印度尼西亚和锡兰试用飞机喷粉防治白粉病，因成本太高，所以近年来锡兰主要从事对轻便喷粉机的改进工作。印度则认为，飞机对防治季风性落叶病的效果很好，并已试用直升机喷雾。此外，目前世界各地都趋向于低容量高浓度弥雾机的应用，以提高防治效果，节省劳动力。

（3）抗病选育种是国外防治病害研究的另一个重点，其趋势也愈来愈明显，并已取得不少成果。在南美洲已选育出抗叶疫病的品系，如 F4542、FB、FX、IAN 等。东南亚各国也在积极与南美洲交换抗病材料进行此项工作。锡兰针对季风性落叶病、其他叶病、条溃疡病等也选育出一些抗病或耐病品系，如 RRIC54、88、89、LCBl320 等。越南对各种品系的感病性做了系统的鉴定，他们提出的抗病品系有 PRl07、AV49、168、B84。白粉病的抗病选育种进展不大，印度尼西亚早期（1928 年）提出的抗病品系 ICB870，1954 年锡兰报道在高海拔地区感病很重，1961 年又报道在低海拔地区也感病。其他具有一定抗病力的品系还有 PB86、PRl07。针对咖啡锈病也培育出了不少抗病品种。

2. 虫害研究

橡胶树的虫害远不及病害严重，国外报道很少。不过马来西亚一直未间断其研究。在马来西亚有一种曲颚泌乳白蚁能对橡胶树造成一定危害，能应用狄氏剂和艾氏剂进行有效防治。此外，对介壳虫和金龟子也有一定的防治研究。

对其他热带作物如椰子、可可、咖啡等的害虫研究很多，概括起来有以下三个方面。

第一，害虫形态、生物学、生活习性的观察和为害情况调查。

第二，化学保护。第二次世界大战以后，由于新的有机合成杀虫剂的发展，推动了化学防治。对许多为害严重的害虫（如盲椿象、虎天牛等）均已找出有效药剂，并针对采用混用药剂毒杀多种害虫、保护天敌，以及其对产品（咖啡豆、可可豆等）质量的影响进行了研究，取得了进展。

第三，生物防治。热带地区有丰富的害虫天敌资源。在使用杀虫剂防治一种害虫时，同时也可能杀死另一种害虫的天敌，从而引起另一害虫的猖獗，这样的事例不断出现。生物防治可避免这种弊端。第二次世界大战前，巴西从乌干达引进一种寄生蜂防治咖啡果蠹，肯尼亚利用跳小蜂防治咖啡粉蚧均获得成功。最近已开始使用微生物防治害虫，如肯尼亚从捷克引进苏云金杆菌防治两种潜叶蛾成功。从目前的趋势来看，杀虫剂和生物相结合是热带作物害虫防治的一个重要方向。

3. 除莠研究

第二次世界大战后，化学除草是热带作物种植园防控杂草的新方向，发展很快。新的选择性除草剂不断涌现，马来西亚的研究可作为代表。前期马来西亚主要用亚砷酸钠除草，由于不断发生人畜中毒事故，近期找到代用品后已严令禁止使用亚砷酸钠。新的药剂主要有 Dalapan、Anitrole、三氯醋酸。Dalapan 是一种内吸除草剂，橡胶园喷药一次可维持 4 个月的药效，而且对人畜与橡胶树均无毒害。在基本解决茅草防治后，现已转向其他杂草的研究。1958 年后，马来西亚对以 Simazine、Atrozine 为代表的三氮苯化合物以及吡啶化合物（如 Paraquat、Diquat）等萌前除草剂进行了大量的研究，发现前两种药剂有相同的效果，并已将 Simazine 推广于生产，其药效持续期比人工除草延长 11~14 周。Paraquat 是一种触杀剂，对人畜和橡胶树无害，在防治除茅草外其他杂草方面是亚砷酸钠的良好替代品，市场上以 Gramoxone 商品名出售。由于不同药剂对不同杂草的效果差异很大，国外还研究了不少药剂的单用和混用比较，对多种辅助剂及喷雾技术等具有经济意义的技术也做过一些研究。

（二）国内植保研究

我国热带作物植保工作在中华人民共和国成立前是个空白，

当时热带作物种植很零星，橡胶树、椰子树虽有成片种植，也都疏于管理，更谈不上植保工作。中华人民共和国成立后随着热带作物生产的发展，植物保护工作也开展起来。

1. 生产防治工作

1951年以前华南垦殖局就开始组织橡胶病虫害调查，其后在各垦殖分局配备专业人员开展植保工作。1952—1953年开始配合育苗进行苗圃病虫害的防治。1954年在文昌地区组织了群众性防治为害橡胶幼树的黄褐树螽工作。1956—1957年在粤西徐闻和高化分别采取大田药剂防治大蟋蟀和介壳虫。1958年在海南地区普遍进行了根病侵染源的清除。1959年橡胶白粉病在华南地区大流行，广东垦区全面开展了群众性防治运动。1960年开始在海南和粤西试用飞机喷药防治，并开始建立橡胶白粉病的预测预报，使热带作物植保工作前进了一步。这些工作不仅有效地防控了病虫为害，提高了群众对病虫害的认识，同时也培养了植保技术队伍，取得了经验。

2. 植保研究

1953年开始，华南热带作物科学研究所筹建时成立了植物保护系，开展以橡胶为主的热带作物病虫害的研究。随后广东、广西、云南和福建先后成立研究所时也都设立了专门的植保组织，进行各地区病虫害防控的试验研究。华南热带作物科学研究所在筹备期间就组织进行了病虫害基本情况调查，以后又单独或与生产部门联合进行了多次调查，记录了以橡胶、椰子、油棕、咖啡、可可、胡椒、剑麻、香茅等作物的病虫害百余种，其中具有一定为害的有40多种，对为害比较严重的病虫害开展专题研究。

（1）橡胶白粉病。中华人民共和国成立后，白粉病第一次发生是1953年在定安石壁老橡胶园，引起了重视，因此1954—1955

年对此病进行了研究。但1953年后病害一直很轻，研究工作也中止了一段时期。1959年白粉病在华南垦区新橡胶园大流行，因此又重新开展了研究。以海南为重点，并于1960年和1961年分别在湛江、云南进行了观察。经过几年的研究，对白粉病的流行条件、流行过程、流行速度、病菌越冬条件、孢子萌发条件等研究均取得初步成果。在防治上对提高防效、节省成本也有了明显改进。根据研究，将白粉病流行过程分为越冬、中心病株（区）、流行及流行下降4个时期。病害流行与否及流行速度主要决定于越冬菌量。根据病害流行条件、历年来病害在各地发生的情况，将广东垦区初步划分为"常发""易发""偶发"和"轻病"4个流行区。在云南垦区，根据初步观察资料，估计河口和西双版纳的病害流行规律有所不同，应进一步研究。对白粉病的防治提出了"三大战役"，即"越冬防治""流行期喷粉防治"和"扫荡残余"。进一步研究和生产实践表明，"战役"的划分和各"战役"的作用在不同病害流行区有所不同。目前已初步应用测报指标指导防治，提高了防效，降低了成本。关于病害的野生寄主，曾做过多种野生植物白粉病菌孢子的形态比较，但接种都未成功，云南曾报道接种飞扬草成功，还须进一步"回交"和重复试验验证。

（2）橡胶麻点病。该病害分布广，发生普遍，但主要为害橡胶树苗，影响按期芽接。1959年在海南正式开展对此病的研究，1961年结束。基本明确了发病原因，在海南地区是在高温高湿的秋季流行，在云南地区是在冬季流行。老苗圃由于菌源的积累和偏施氮肥有利于病害发生。发病过程可分为"初病期""普遍增长期""流行盛期"和"消退期"4个阶段。对病菌培养和孢子萌发的条件也进行了研究。木瓜和甘薯是该病的野生寄主。对多种化学药剂和植物源农药进行测定，证明汞剂和铜剂均有防治效果。

大田防治以赛力散较好,加铺展剂可提高防治效果。

(3) 橡胶根腐病。1954—1956 年进行过研究,基本调查清楚华南垦区根腐病的种类,有红根病、褐根病、紫根病、白根病和黑纹根病 5 种。以前 3 种最普遍,尤其红根病为害较重。云南河口也是如此。据当时调查,老橡胶园根腐病发病率 0.66%,幼树为 0.01%~0.1%。广东垦区根腐病的野生寄主,红根病有 23 科 28 种,褐根病有 16 科 22 种。对根腐病的侵染源、侵染方式、接种技术、垦前检查等均进行了初步研究。根腐病的防治目前仍以垦前检查、彻底清除侵染源最为有效。在已植橡胶园发病后,须采取挖沟隔离、暴根等处理。生产中有少数工人对根腐病的地上诊断有一定的经验,有待总结提高。

(4) 刈面病。海南老橡胶园针对刈面霉在生产上用牛粪、黄泥进行处理,颇为有效,所以未作研究。近年来新橡胶园发病相当严重,土法防治已失去效用。从发病情况看,病害的发生和低温、林段郁闭过大、湿度大以及割胶强度大、割胶技术不好等有关。在云南发生的条溃疡,据云南省热带作物科学研究所的调查也和低温高湿、林地过密、割胶不合标准等有关,并已分离出 P 菌种,且接种成功。经药剂测定以赛力散防效较好。

(5) 咖啡锈病。先后在广西和云南进行了研究。基本明确该病流行条件和病菌的循环发育条件。防治研究证明铜制剂、硫制剂均很有效。可采取系统防治方案,包括栽培措施、抗病选种及化学保护等方面结合。

(6) 香茅叶枯病。该病对香茅的为害很大,分布普遍,造成香茅油损失 5%~35%。研究了病害的侵染循环、流行规律及病源生物学。防治上进行过不同栽培措施和多种杀菌剂的试验,但因病害流行强度大、菌原积累快,均无良好效果。今后应从抗病选育种方面解决其防治。

（7）油棕果腐病。该病害是当前油棕生产上一个重大问题，直接影响棕果的产量。对该病除调查分析其发病环境及不同时期表现的症状外，着重对病原进行了研究。对该病多次分离接种不成功，采用多种化学药物防治无效，在田间表现非侵染现象，结合对病理组织解剖检查等一系列工作，证明该病属生理性病害，应从栽培措施上研究解决。

（8）虫害和鼠害。先后在华南的橡胶苗圃进行了几种金龟子、黄褐树螽、白蚁的调查研究，并开展了海岛棉害虫综合研究、胡椒根瘤线虫研究、椰子主要害虫研究、鼠害防治试验。在广西和云南进行了咖啡虎天牛和旋皮天牛的研究。通过研究，找出了有效防治药剂；基本明确了3种金龟子、黄褐树螽、咖啡天牛的生活史和习性，创造用土法火炮喷666粉防治金龟子成虫的方法，解决了缺乏高射程喷粉机具的困难。

褐树螽啮食橡胶幼树树皮，其一株一虫为害较一株多虫为害更为严重，可导致橡胶苗死亡。防控褐树螽采用"彻底除茅"的方法比药剂防治效果好，可以达到根除的目的。

野鼠在粤西高化地区为害橡胶幼树，而且大多对药剂已产生抗性。在防治上提出了交叉施药的方法，即按照安妥—磷化锌—普鲁米特顺序转换投放，提高了毒杀效果。利用连续使用安妥或磷化锌可对野鼠产生忌避作用的特性，用安妥或磷化锌的糊剂涂于橡胶苗树干，达到保苗的目的。

（9）除莠。国内研究很少。1958年以前曾经做过一些探索性研究，测定过几种除草剂，因无专人深入研究而中断。1961年用几种药剂对橡胶园的茅草和杂灌木进行毒杀试验，亦因药剂供应不上而中断。生产上已用亚砷酸钠大规模除茅，效果颇好。但这种药对人畜有毒，使用中应特别注意。

综上所述可以看出，除个别项目（如橡胶白粉病的流行和测报）比国外有所进步外，很多研究都同国外有一定差距。我国开展研究不过10年，国外已有几十年的研究历史。此外，由于生产发展快，急于应付生产中临时出现的问题，没有及时开展系统研究，再加上我们认识上的偏差，对国外资料缺乏系统的总结分析，重点问题没有及时抓住，有些已经开展的研究又中断，耽误了时间。这都是我们应该吸取的教训。

三、热带作物植保存在的问题和对今后工作的建议

热带作物除橡胶外，还有油棕、椰子、咖啡、可可、胡椒、剑麻、香茅等多种。各种作物都有自己的病虫害，而且在各个地区病虫害的种类不尽相同，同一病虫害在不同地区的发生和为害也有差异，需要从多方面开展研究，而目前从事植保研究的力量却很少。如华南热带作物科学研究所和云南省热带作物科学研究所研究人员仅有28人，其中，中高级职称以上的研究人员只有6人，远不能适应研究工作的需要。当前橡胶病害已经很突出，严重地影响橡胶生产，橡胶病害无疑应是当前研究的重点。其他多种热带作物的病虫害已有不少在我国为害，今后随着生产的发展还将进一步显露。从长远考虑，要有适当的安排，特别是针对今后有较大发展的作物对象。至于除莠的研究目前更是薄弱，赶不上生产发展的形势。为此提出以下建议。

（一）明确研究任务，突出重点，照顾全面

当前橡胶的白粉病、根腐病和刈面病害突出，应是研究的重

点，以期早日提出防治的办法，促进生产的发展。针对其他热带作物现已有一定为害的病虫害对象，适当安排力量进行研究。对其他病虫害也要进行基本情况的调查和资料积累，为今后进一步开展研究打下基础。这些基础性工作不仅是为今后生产打基础，更是开展我国热带作物检疫工作的需要，不能视为可有可无的工作。

除莠方面，应结合栽培开展研究，积极引进新型杀草剂进行试验，为生产提供有效措施。同时，结合老橡胶园更新选择毒杀树桩的药剂，清除根病病源。

（二）加强科研力量的配备

为适应研究工作的开展，必须加强科技力量，数量上充实，质量上提高。尤其是要大力加强华南热带作物科学研究所科技人员的培养。

此外，还应组织全国有关科研单位，开展热带作物植保研究。热带作物植物保护在我国是一项新的工作，同一般农作物相比有许多不同的地方，对它的研究需要多单位的参与，通力合作，以适应生产的迅速发展。

（三）开展热带作物农药和器械的研制

热带作物大多是多年生的高大作物，种植区的气候特殊，一般农业所用的药械特别是器械不适合于热带作物。因此农药和机具必须有专门的供应。目前突出的问题是喷药机具达不到高度，影响防治效果，增加了成本，应组织有关部门和单位迅速解决。

（四）开展热带作物植物检疫

国外对植物检疫十分重视。东南亚国家为防止南美叶疫病传入，严禁从南美洲引进一切橡胶种植材料，并积极引进抗病品系并进行橡胶脱叶试验，以确保万一病害传入时能够采取紧急措施应对。我国热带作物生产尚处在发展阶段，从国外引种很多，对一些危险病虫害应特别注意严加防范。一是成立热带作物检疫机构，专门负责此项工作；二是制定检疫措施，公布施行；三是开展检疫技术、病虫害检验方法和处理措施的研究；四是加强植保技术的宣传推广，在生产工人中普及植保知识，随时注意病虫害的发生，及时防治；五是加强与全国各植保专业机构的联系与学术交流，及时了解国内外的学术动态，不断提高我国的研究水平。

加强开发研究是当前科技管理的一项重要任务[①]

1981年，中共中央和国务院提出科学技术要为经济建设服务，要与经济、社会协调发展的方针。这是总结了我国30年科学技术发展经验，为加速实现四个现代化制定出来的新科技方针，既符合我国国情，也合乎经济发展规律。它标志着我国科学技术的发展进入了一个新的阶段。认真贯彻执行这一方针，不仅对我国科技事业的发展有极其重要的意义，也是实现党的十二大提出的到2000年全国工农业年总产值翻两番的关键。

加强工农业生产第一线的技术开发和科研成果推广是中共中央科技方针的基本内容之一。因此，加强开发研究、加速科技成果的推广是贯彻中共中央科技方针的体现。

一、开发研究是科技成果应用于生产的重要环节

现代科学技术越来越深入地渗透到经济和社会生活的各个方面，成为促进经济与社会发展的重要因素。工农业生产和国防建设的现代化越来越依赖于科技成果的应用，加速科研成果转化为生产力已成为当代科技发展的特征之一。因此，工业发达国家莫不把开发研究摆在极其重要的位置，开发研究的经费占其科研经费的50%~60%。美国是如此，第二次世界大战后新兴起的德国

---

① 本文1982年发表于复旦大学主办的期刊《科技管理研究》。

和日本也是如此。苏联从20世纪60年代以来也在科研体制和管理上进行了调整、改革，例如，科研机构实行经济核算，同企业签订合同，建立科研生产联合体，等等，其目的也都是缩短科研成果转化为直接生产力的过程。

我国在过去相当长的一段时间内，科研成果停留在样品、礼品、展品上，不能及时应用于生产，这种现象在全国相当普遍。热带作物特别是橡胶科技方面，虽然不那样突出，但这种现象也同样存在。有些科技成果虽然应用了，但应用不普遍或没有长期坚持。例如，早在20世纪50年代和60年代初期，通过生产经验总结和科学试验，开发了包括种植材料、抚育管理措施在内的橡胶树苗速生栽培技术，建立了在不同地区分别6年或8年就达到开割标准的橡胶园，但在大面积生产中，目前还普遍不能达到这个标准，有不少橡胶园10年还不能开割。再如，1964年科研人员同生产结合，深入实际，调查研究，总结出"管、养、割"相结合的科学割胶方法，经过不断地充实、完善，在实践中证明该方法既能有效地控制死皮病的发生，又能保持橡胶园高产稳产。但是，当前生产中死皮率却相当高。近年来，科学研究总结出了亩产200公斤干胶综合措施的科研成果，割胶工人也不断地创造高产树位的纪录。但是，整体生产水平还比较低，全国平均亩产只有44公斤，最高产的地区平均亩产也只有63公斤。总之，科技成果在生产中的作用还没有充分发挥。它的效益还不很普遍。科学研究应该根据生产中出现的新问题，不断提供新的科研成果为生产服务，这是十分重要的。从橡胶和热带作物科技情况来看，把已经取得的科技成果应用到生产中去，使潜在的生产力转变为现实生产力是当前一项重要的任务。可以设想，如果将已有的成果和先进生产经验认真地在生产中推广应用，橡胶和热带作物的生产水平将会大大提高。

科技成果不能普遍地应用到生产中转化为直接生产力，其原因很多，也比较复杂，体制、政策、领导作风、思想方法等都有很大关系。从科技成果和管理的角度考察，有以下几方面的原因。

第一，成果的应用受环境条件的限制和影响。这是热带作物和农业研究共同的特点，是工业性质的研究所没有的。热带作物领域中同一个科技成果在不同环境下，甚至在同一地区的不同年份，由于气候条件的变化，其效果不一样，使成果的应用受到一定的限制。

第二，有的科技成果应用的效果反应慢、周期长。热带作物都是多年生作物，生产周期都很长。因此，很多科学试验要取得系统、完整的资料需要很长的时间。同样，有的科技成果在应用过程中，其作用和效果不是立竿见影显示出来，需要较长的时间。这类成果由于不能在短期内为生产增加收益，甚至在初期还要付出代价，往往容易被人们忽视。

第三，有的科研成果在小面积试验的效果很好，但它要求的条件高，代价大，大面积应用时满足不了这些条件。或者虽然在技术上可行，但成本高，经济效益不明显或经济效益不清楚，生产上不能马上应用。

第四，科技成果脱离生产的需要，没有应用价值，或者成果不成熟，技术不配套，生产上不能使用。

这是影响科技成果推广的几个因素，也是科技成果中一般存在的问题。为了克服上述问题，就要进行开发研究，即在不同地区、不同类型的环境条件下进行扩大试验或中间试验。在一定的规模上作出示范，取得长期、系统的资料，把科技成果应用的条件和经济效益搞清楚，使人们能够看清楚科学技术的作用，提高和坚定对科学技术是生产力的认识,加速科技成果的应用。因此,开发研究是科技成果应用于生产的重要环节,加强开发研究,是贯彻中央科技方针的具体体现。

二、开发研究是研究过程中的重要程序

热带作物科研和农业科研一样,研究课题选定以后,一般要经过田间小区试验、实验室分析、扩大试验、中间试验(或区域性试验)和示范等不同的阶段。在实践过程中,除田间小区试验要求比较明确、严格外,其他各类试验的划分没有很清楚的界限,要求也不明确。由于研究课题的性质、内容不同,要把区域性扩大试验、中间试验和示范划出一个统一的、明确的界限也困难,但是,这类性质的试验是科技成果应用于生产的重要环节。所以,在这里把它们作为开发研究的内容来讨论。

长期以来,开发研究是一个比较薄弱的环节,没有受到足够的重视,这在全国是比较普遍的现象,也是很多科技成果没有普遍应用于生产的重要原因之一。按照严格的科学态度来要求,中间试验或区域性扩大试验这类开发研究,应该是研究过程中的重要环节,尽管这类试验的形式可以根据研究课题的性质而有所不同,不必强求一致。但作为一个研究过程它是不可缺少的,没有它,研究课题不能算最终完成,也不能在生产中推广应用。

就热带作物科研来说,通过开发研究使研究的内容更充实、完善,成果的使用价值更大、更广泛。如前所述,热带作物科技成果的应用受环境条件的限制和影响很大。田间小区试验,很难代表扩大生产的实际情况。尤其是大面积应用所需要的条件和经济效果,在小区试验中反映不出来。开发研究在一定程度上可以弥

补这些缺点。几年以前进行的橡胶实生树"乙烯利刺激增产割胶新制度的研究"是一个很明显的例子。这个课题在科研单位经过探索、田间小区试验取得显著增产效果以后，立即与生产部门协作在不同地区选定具有代表性的农场进行扩大试验，并在扩大试验过程中不断扩大试验面积。前后经过5年，在广东垦区2000万株橡胶实生树上全面推广应用，当年增产干胶5000吨，取得了持续增产、节省割胶用工的显著效果。在扩大试验过程中不断地充实和完善原来研究的内容，如试验开始主要以增产为目标，在扩大试验中根据出现的新情况，控制了增产幅度，减少了割胶刀次，加强了对橡胶树的施肥管理，最后形成保证橡胶树健康和持续增产的"减刀、浅割、增肥、产胶动态分析、合理控制增产幅度"割胶新制度。取得这项研究成果的周期短，成果的推广应用快，面积大，这在热带作物科技发展中是不多见的。总结分析其原因，除了它增产效果显著外，在试验研究中遵循了科学研究的规律，逐步扩大推广，使研究和推广都能健康发展是重要原因。这类例子不少，如"橡胶树营养诊断指导施肥"的研究，"橡胶条溃疡病综合防治"的研究，都是在小区试验、实验室分析测定取得成果以后，在生产中选择不同类型地区，逐步进行扩大试验，因而都取得了比较良好的效果，在生产中得到推广应用。

  反之，如果不按科学程序办事，忽视了开发研究这一环节，就会出现前面所说的研究成果不能推广应用，或在盲目推广中对生产造成不良影响，这在热带作物科技发展中不乏其例。例如，在"文革"时期，曾有群众在试验中发现作割胶灯用的电石具有刺激橡胶增产的效果，以为这是一个很好的发现，如果按照科学研究的程序，经过小区试验，再扩大试验，然后根据试验结果逐步推广到生产中，可能是一项成功的科研成果，但当时没有这样做，而是仅仅发现增产的苗头后，就贸然在生产中大面积推广，不仅浪费了大量电石，更严重的是造成对橡胶树的伤害。

由此可见，热带作物中这类受环境条件影响较大的研究，一般来说，仅仅在试验地上取得成果，不能算是成熟和完善，通过开发研究可以进一步充实、完善。所以，开发研究既是科研与生产联系的桥梁，也是检验科研成果和提高技术水平的重要途径，加强开发研究无论对科研或生产都是十分重要的，特别是对重大科学技术问题的研究，它是不可缺少的一环。

三、根据热带作物科研特点，加强对开发研究的管理

热带作物中除加工和机械化外，其科学研究具有与农业研究相似而与工业研究不同的特点。应该建立一套适合自身特点的科技管理办法。但实际上，在热带作物研究中，包括所用的词汇、术语都是从工业科技管理中沿用而来，其中不少内容生搬硬套，不能确切地反映热带作物的实际。如何建立适合热带作物科技特点的管理制度和办法，需要群策群力。

热带作物科技特点，除了前面所说的出成果周期长、成果应用受环境条件的影响大外，对研究类型的划分，也就是应用研究和开发研究的界限不很清楚，也不严格。农业研究的成果也不像工业产品严格要求定型，它在应用中还在不断发展、改进和完善。中试一般也不要求重新建立基地（如工业的中试工厂或车间），在原来的生产地上就可进行，因此，所需要的投资比较少。这些都是在建立科技管理制度过程中应该考虑的。

至于开发研究的管理，目前更缺乏经验。现参照近年来国家科委与华南热带作物科学研究院签订项目合同进行开发研究的做

法，提出初步意见，请同志们批评、指正。

第一，提高对开发研究的认识。

这无论是科研单位还是生产部门都是需要的。开发研究既然是科学技术为国民经济服务的具体体现，又是科研与生产结合的重要环节。因此，科研部门和生产单位都应把开发研究作为自己的任务。

从科研单位来说，有两种倾向是应该克服的。一是认为研究成果经过鉴定得到承认就完成了任务，甚至还有把研究报告当作研究的最终目的。二是由于开发研究牵涉面广、关系复杂，不愿意花这份精力，尽量减少麻烦事。有了这种两种思想障碍，就不能自觉地把开发研究当作自己的任务。

热带作物科研机构都有大面积试验基地，而且大都处在国营农场中间。过去大家都注重专项探讨新的研究课题，对已取得成果的应用推广做得较少。作为应用研究科研单位，如果能应用自己的科研成果在试验基地上（或附近农场）建立一个有一定面积的示范样板，将会使自己的成果更具有说服力，对生产更有指导作用。

科研单位要把开发研究作为自己的重要任务，在自己的科研计划中占有一定的比例，配备开发研究的人员，使开发研究有切实的保证。

从热带作物生产来说，今后主要不是靠扩大种植面积来扩大再生产，而是靠不断应用科学技术来提高生产水平。发展农业一靠政策、二靠科学，热带作物也不例外。

第二，建立开发试验基地。

克服科技成果在推广中出现的问题，必须多点建立开发研究的试验基地，使热带作物科技成果在不同类型地区试用，摸清它在大面积应用中需要的条件和经济效果。试验基地可以分为两种类型：一种是永久性固定的基地，根据作物布局、环境类型选定。主要进行综合丰产措施的开发试验和品种区域扩大试验。这种试验基地虽不要求太多，但也不能只有一两个。试验基地太少了，一旦遭受自然灾害，试验会受到影响，甚至无法进行，同时，也不能反映不同地区的实际情况。因此，要有永久性固定的试验基地，并配备较强的科技力量和技术条件，才能正确贯彻开发试验所要求的各项技术措施。另一种是非固定性的基地，主要承担单项措施的中间试验。例如，某一种病虫草害的防治或某一项栽培技术，根据任务的要求临时选定，试验完成即可结束。

根据中共中央关于调整科研机构的要求，县级以下科研单位的任务主要是推广。国营农场的科学研究也应该是以示范推广为主，把开发研究作为自己的任务之一，划出一定的土地甚至确定一个生产队来承担这项任务，把科技成果、先进技术、先进生产经验首先在这个生产队试用，然后逐步推广到全场。

第三，从制度上保证开发研究的经费。

开发研究需要一定的投资，发达国家开发研究的经费比基础研究和应用研究的经费高很多。我国也应给开发研究确定一定经费比例，专项使用。国家如此，各级主管部门也应该如此。从当前情况来看，应当从经费上鼓励开发研究。热带作物开发研究一般都可以在现有的生产地上结合生产进行。所以，它的投资比工业开发研究新建一个中试工厂或车间要少。目前在基础研究和应用研究中，课题重复的现象很多，有些是不必要的，实际上是浪费；而开发研究又是一个比较薄弱的环节，如果国家和各级主管部门规定要有一定比例的科研经费支持开发研究，对减少基础研究和应用研究中某些不必要的重复可能会起到调节作用。

第四,实行合同制。

近年来,国内广泛地采取了合同研究制,特别是工业部门。开发研究实行合同制,是一种较好的形式。通过签订合同,明确科研单位、承担中试基地的生产单位和上级主管部门的责任。对科研工作也有明确、具体的要求。以往的科研工作,由于经费、试验所需的条件没有可靠的保证以及其他种种原因,科研任务往往变成"可延可缓"的"软任务",最后完成不完成、完成得好坏谁都没有责任。实行合同制是改变这种状况的一种可行措施。

这里顺便谈一谈成果的有偿转让问题。当前对科技成果的有偿转让呼声很高。从热带作物的科研情况来看,相当一部分成果不宜实行有偿转让,因为热带作物增产的因素复杂,受气象条件的影响大,有的科技成果作用缓慢、持久,短期内可能不明显,技术的经济效益难以计算,增加了成果有偿转让的困难。实行合同制,国家拨出专款以签订合同的方式鼓励科研机构进行开发研究,既促进了科学技术为国民经济服务,也给予科研单位一定的经费补贴,帮助科研单位改善设备条件,促进科研工作发展,可以作为成果有偿转让的另一种方式。这种方式对热带作物科研来说,可能更合适,因为开发研究本身也是成果转让的过程。

改善和加强科研管理,坚持为经济建设服务[①]

科学技术要为经济建设服务,要与经济、社会协调发展,这是社会主义现代化建设对科技工作的要求,也是科学技术自身发展的需要。认真贯彻执行党的这一方针是科研管理面临的重要任务。

一、提高认识,把改善和加强科研管理摆到应有位置

胡耀邦同志在党的十二大报告中提出:"必须加强经济科学和管理科学的研究和应用,不断提高国民经济的计划、管理水平和企业事业的经营管理水平。"胡耀邦同志把管理科学作为科技现代化的重要组成部分提了出来,这也是对我们科研管理工作的要求。

管理作为一种社会职能,自从人类的生产劳动出现了分工和协作之后就已存在,它是适应社会发展的需要而产生的。只是在不同的社会发展阶段、不同的社会制度下管理的方式和性质不同。事实上我们今天的一切社会活动,都存在管理的问题,都在进行管理,只是有自觉地还是不自觉地,是科学管理还是凭经验管理的差别而已。

科研管理是随着科学技术的迅速发展新近形成的一门综合性学科,它既是科学的组成部分,或者说是科学的应用部分,又是

---

① 本文1984年2月发表于复旦大学主办的《农业科技管理》。

管理学的一个分支，它要应用管理科学的原理和方法。作为一门应用性的软科学，它的作用在于提高科学研究的效率，扩大科学技术的社会功能。因此，科研管理水平的高低，直接关系到出成果的速度和质量，无论国外或国内，无论过去或现在，无数事实说明，工作效率低，经济上的损失，往往不是技术水平低和条件差的原因，而是管理上的失误所造成的。田忌赛马的故事是大家所熟悉的，同样三匹马，不同的使用方法在竞赛中会得到不同的结果；同样一支军队，不同的带兵方法和指挥技巧，其战斗力相差很大。现代科学技术学科繁多，手段精密复杂，渗透到经济、社会生活的各个方面，管理水平关系到科技作用的发挥。据有些参加过苏联早期建设的西方工程技术人员回忆，苏联在20世纪30年代引进西方的设备，由于管理不善，使用率很低，有的用不到设计能力的1/3年限就报废，造成数以千万计卢布的损失。美国也有人认为"使科学技术发挥威力的是组织管理"。美国前国防部长麦克纳马拉说过，"美国的先进是三分技术，七分管理。"他在任职期间把系统工程用于国防事业，7年节省1000亿美元，相当于美国一年的国防经费。50年代，日本人就认为他们和西方的差距，与其说是技术差距，不如说是管理差距。因此，他们在向西方引进技术的同时，派出大批人员学习西方的管理。但他们不是全盘照搬，而是结合本国的实际创造具有东方特色的管理理论和方式。现在许多西方人反过来在向日本学习。许多发展中国家仿效日本引进西方技术，但收效甚微，其重要原因之一是管理水平低。由此可见，科学的管理无论是对经济建设还是科技事业的发展都是十分重要的。难怪不少国家近年来把管理作为一种资源来开发，切实加强和改进管理工作，可以收到事半功倍的效果。

党的十一届三中全会以来，科技工作受到党和国家的高度重视，科技事业有了迅速发展，这给科研管理提出了新的任务和要求，科研管理也越来越多地为人们所重视。但是，由于长期以来一直没有把管理作为一门科学来对待，至今在这方面还是相当薄弱，科研管理远不能适应科技迅速发展的要求。从事科研管理的人员以及科研单位的领导同志，为了本单位科研工作的开展，总希望多争取到一些经费、人员和设备条件，但是，如何管好、用好已经配备的人、财、物，充分发挥其效率和作用，是值得深入研究的。科研管理工作中出现了不少问题，例如，一方面科研经费不足、人员缺乏，不能满足科研工作的要求，使一些应该开展的研究不能开展，或正在进行的研究进展缓慢；另一方面科研方向不明，长期出不了成果，研究课题重复，或项目仓促上马、下马造成浪费，科技人员用非所长，工作效率不高。一方面仪器设备不足、陈旧落后，有的甚至基本测试分析条件很差，研究水平不高；另一方面大型精密仪器利用率很低，在相隔不远的同一地区甚至同一个单位重复购置，有的仪器买回以后长期未开箱使用，堆放在仓库。一方面生产中存在不少科技问题没有研究，生产上不去，产值提不高；另一方面有不少科研成果、成功的技术和先进生产经验没有推广应用，不能转化为直接生产力，甚至有的成果搁置过时，自行消亡。凡此种种，无一不是科研管理或者与科研管理有关的问题。如果我们下一定的力气、花一番工夫来研究如何改善和加强科研管理工作，使现有的人、财、物充分发挥效力，是完全可以加大科研成果的产出。当然，在目前情况下，争取对科学研究更多的投入，是发展我国科技事业的重要条件。但是，在已有的投入下，使它获得更大的产出，不正是科研管理的目标吗？况且，从我国目前的经济条件出发，无论是科研经费还是科技人才，要在短期内有大幅度的增加是有困难的。从高水平的科学的管理中要成果、出人才，则是一条现实可行的道路。

二、结合实际，创造适合自己国情的科研管理科学

科研管理还不能提到足够的位置，除了我们这些从事管理的人员对现代科学管理不熟悉、习惯于老一套凭经验的行政管理外，还有两方面的原因。一是有的同志认为，科研管理上的问题主要是领导体制问题，体制不解决，其他问题都难解决。二是有的同志认为，现在所说的科研管理的理论观点、原则立场和方法，都是从国外引进的，适用于国外，但在我国目前的情况下实行不了，远水不解近渴。这些看法不无道理。

就体制问题来说，实际情况也确实如此。科研管理中的问题，如人才不能畅通交流，研究课题与任务重复，成果转化的周期长，设备购置与使用不合理等，都和体制有关。因此，从科研体制上进行改革、调整是完全必要的。但是管理体制是一个很复杂的问题，究竟如何进行改革和调整，目前还存在不少争论，需要进一步探讨，不是在短期内所能解决的。事实上国外也没有一个统一的模式，各个国家都根据自己的国情建立自己的科研体制。以美国和日本来说，他们的农业科研体制就大不相同。美国以大学为中心，实行教学、科研、推广三结合，他们的教授既教学，又从事研究，也进行推广。而日本的教育、科研和推广则是完全分开、各自独立的体系。他们的大学结合教学从事基础研究，大量的科研任务由国立和公立科研单位承担，政府行政部门从上到下建立推广机构，进行科技推广。我们不能说哪种体制先进，哪一种落后。因此，当前最主要的是要按照科技发展的客观规律和科研活动的特点并结合本国的实际情况来管理科研，否则，不论哪一种体制

都不能高效率、高质量地出成果、出人才，甚至会起到阻碍科技发展的反作用。

至于第二个问题，实际上是要建立我们自己的科研管理科学的问题。诚然，目前科研管理的理论观点主要是从国外引进的，我们在吸收应用中有一个结合自身实际的问题。管理属于生产关系的范畴。它不同于一般自然科学，如果说自然科学成果不同的社会制度和阶级都可以利用的话，管理则具有二重性。在不同的社会制度下其性质不一样，它的出发点和目的都不同。列宁对此曾有过精辟的论述，他指出，泰勒的科学管理一方面帮助资本家残酷地剥削工人，另一方面又有科学性，有一套科学的理论和方法。我国是社会主义国家，人民是国家的主人，各项事业都是有计划有组织进行的，不同于资本主义社会。因此，对国外的管理科学要在马列主义、毛泽东思想的指导下，有选择地吸收应用，取其精华，去其糟粕。国外现代管理中的科学分析方法、手段，我们是应该吸收应用的，但由于我们的经济、社会条件的限制，也不能完全照搬国外的做法。举例来说，人才交流对于科研单位来说，无疑是十分必要的，没有交流，学术思想会僵化，缺乏活力，不利于出成果。在资本主义雇佣劳动制度下，人员通过自由竞争自发地、频繁地进行流动。我们则必须有组织、有计划地进行，否则，如果对人员流动放任自流，其结果必然是有的地区和单位都挤着去，有的地区和单位则没有人去，这对于农业科研单位，特别是处在边远农村的热带作物科研单位的发展是很不利的。再如，在资本主义生产和社会服务已高度社会化的社会，只要取得了经费的支持，科技人员就可以去组织开展并完成某项科研任务，不需要一批专门的人员为他们创造工作、生活的条件。我国目前的状况不同，要完成一项科研任务，建立一个科研单位，尤其农业科研单位,都要在不同程度上创造一个"大而全"或"小而全"的社会。根据一些调查资料,目前我国农业科研单位科研人员在职工总数中只占 30%~40%。华南热带作物科学研究院现有职工 5000 多人,科研人员才 500 多人,约占 1/10。因此,我们完成一项科研任务,仅有科研人员的积极性是不够的,必须调动全体职工的积极性,包括物资设备、后勤生活、人事调配和思想政治工作,甚至子女教育等各方面的配合与协调。任何一个环节的梗阻,都会影响科研工作的顺利进行。其他方面,如科研成果的奖励和有偿转让等也都和国外不同。因此,我们的科研管理比国外要复杂得多。我们应当根据我国的国情,总结自己的经验,找出有效管理和发展我国科技事业的方法,逐步形成我们自己的管理科学,建立起自己的理论。

中华人民共和国成立后我国科技事业有了迅速发展,取得了巨大的成就。我们有 30 余年从事科技管理的实践,虽然有失误,有干扰,但是取得了正反两方面的丰富经验。我国第一个科技规划的制订和提前完成,对国民经济和科技事业的发展起了良好的促进作用,缩短了我国同世界先进科技水平的差距。美国曼哈顿计划、阿波罗登月计划是运用现代科学管理的成功案例,是人们所常常引用的。我们是否也可以从自己的成功的事例和经验中,以辩证唯物论为指导,运用国外先进的科学管理理论,总结出一些带有规律性并具有国际先进水平和普遍意义的东西呢?1963 年曾经制订的"科研 14 条",是新中国成立以后到当时我国科研管理工作的总结。在过去 30 余年的农业科研实践中,也曾经总结提出了带有指导意义的措施和方法。如"科研、教育、生产三结合""试验、示范、推广三结合""实验室、试验场、农村基层三结合""专业研究与群众科学实验相结合"等,至今仍有实用意义。当然这些都还有待提高，在新形势下充实新的内容并加以发展。只要我们解放思想，冲破习惯势力的束缚，勇于创新，大胆实践，善于吸收国外先进科学，我们就能创造出自己的科研管理科学，改善和提高科研管理水平，促进科技事业的发展。

三、加强和改善热带作物科研管理，适应生产发展的新形势

热带作物科研管理是一个十分薄弱的环节，管理中的问题很多，除一般农业科研中普遍存在的问题外，还有热带作物科研中特有或更为突出的问题，需要我们下功夫去研究、探讨。现将与当前生产比较密切的几个问题提出来，在今后的科研管理中应予以注意。

（一）调整科研方向任务，适应生产发展的形势

我国热带作物科学研究方向经历了从研究单一的橡胶到以橡胶为主的多种热带作物的发展过程。这是适应我国热带作物生产发展的需要，为解决生产中的科技问题的必然结果。科研的方向任务本来是明确的，现在提出要进行调整并进一步明确，这是由于以下三方面原因。

第一，由于长期以来我国热带作物科研主要力量用在橡胶上，其他热带作物研究进展缓慢，不能适应生产发展的形势。特别是最近几年来，生产上提高了其他热带作物发展的比例和速度，开展了综合利用，实行了农工商综合经营，生产结构起了很大的变化。根据规划，到20世纪末实现翻两番的目标，除提高干胶的产量外，其总产值的50%要靠其他热带作物的多种经营和综合利用。

第二,过去主要是国营农场生产橡胶,科研服务的对象也主要在国营农场。根据中共中央关于加速开发海南岛的决定,今后热带作物的发展要两条腿走路,实行国营、民营并举。农村在实行联产承包责任制以后,农民发展热带作物的积极性很高,因此,从科学技术上指导农民发展热带作物是科研单位义不容辞的责任。

第三,目前从事热带作物科研的机构除华南热带作物科学研究院外,热带作物垦区各省(区)都有专业科研机构,广大农场也有科研组织。这些专业机构和研究院长期以来进行着大体相同的研究课题和内容。因此,为了适应生产变化的形势,协调各个科研单位的任务,使已自成体系的热带作物科研真正成为一个整体,更有效地发挥现有的科技力量,在研究方向与任务上进行调整是完全必要的。

就华南热带作物科学研究院来说,应加强以下几方面的任务。

第一,加强其他热带作物和加工综合利用的研究,这不仅实现经济效益快,而且能为生产开辟新的门路。特别是加工综合利用,无论是橡胶树或其他热带作物都有很大潜力。如橡胶树,国外有人预计它的木材将来可能成为主要产品,而现在的主产品橡胶将屈居次要位置;胶籽油也有多种用途;制胶废水可作生物能源(沼气)利用。剑麻的副产品充分开发利用起来后也将比现在主产品纤维的产值高出好多倍。其他作物也有类似的情况。

第二,开展综合研究和基础性工作。长期以来,我们主要从事橡胶树和其他热带作物的具体技术的研究。对我国热带作物资源的开发利用、包括环境保护等综合性和基础性工作没有有计划地安排研究。因此在讨论制订热带作物资源开发、农垦热带作物事业发展等有关决策性问题时,缺乏足够的科学论据。为了适应四个现代化的要求,全国各地都在开展农业战略研究,研究院应该发挥学科上以及其他方面的有利条件,开展相关的工作,诸如热带植物品种资源、生物能源利用、热带农业经济等。一方面可为领导机关提供决策的科学依据,另一方面也协调了同其他热带作物科研单位的分工协作。

第三,服务对象既要以农垦热带作物生产发展为主,也要面向农村,为广大农民服务,为开发海南作出贡献。

第四,合理安排各类研究的比例,使各学科协调发展。热带作物种类繁多,研究的范围很广泛,从育种栽培、植物保护、机械化到产品加工综合利用,现有的人力、物力不可能全面地开展,只能有选择、有重点地进行。因此,对各类研究应有一个合理的比例安排,在人力安排、经费分配上避免不必要的矛盾。根据研究任务需要确定以下几类研究的比例:①橡胶树和其他热带作物研究的比例;②栽培和加工综合利用的比例;③应用基础、应用研究、开发研究的比例。从现有基础及今后发展考虑,橡胶树和其他热带作物研究的比例,以及栽培和加工科研投入的比例,都可初步定为6∶4;应用基础占比不超过15%,应用研究占比50%,开发研究占比35%。

(二) 建立以研究课题为基础的科研计划管理体制

科研单位的任务是出成果、出人才,科研管理就是要围绕实现这一目标而活动,因此,以研究课题为基础的计划管理是科研管理的中心。

第一,抓好选题、试验设计和中间试验等几个重要环节。热带作物由于生产周期长,一般有几十年的经济寿命,因此研究课题延续时间久,出成果的周期长。在课题管理中要特别注意选题准确、目标清楚和试验设计周密,否则由于热带作物生长的连续性和不可逆性，会造成试验研究花了很长时间而达不到预期结果，又无法补救。近两年来我们在管理中抓了对新课题上马和老课题清理的课题论证，收到了良好的效果。但是目前正在研究的课题中仍然存在一些问题，最主要的是创新性不够和经济效益不明显。有的课题由于研究时间较长，积累了一定的资料，如同鸡肋"食之乏味，弃之可惜"。有的课题已经取得过阶段成果，再继续下去的预期经济效益不明显。有的课题成果同已有的成果或生产技术相比没有多大的改进，只能使资料更完整、充实，解释得更清楚一些，并没有新的创造。这类研究不受生产的欢迎是很自然的，必须进一步清理调整。当然，清理中也不能"一刀切"。对于一些基础性工作、需要长期积累资料（这些资料要重新取得很不容易）的研究不宜中断。

第二，协调各管理部门工作，建立以科研计划为中心的统一管理体系。以研究课题为基础的计划管理是科研管理的中心环节。一个科研单位的各项计划，如经费、物资设备、试验场地、人员配备等都应该以它为依据进行安排。目前在管理体制上不统一，由各个职能部门分别管理、自成体系，主管领导也是分工管理、各自为政。有些研究课题进展缓慢，在很大程度上是它所要求的条件得不到满足，协调不好，特别是试验场地。因此，建立有职、有权、有责的以研究计划为中心的指挥管理系统实属必要。

第三，改善财务管理，建立以经费为杠杆的科研合同制度。在经费的管理上建议从年度计划上进行调整。目前除少数实行合同制的开发研究项目是经费包干以外，绝大多数研究虽然实行了按课题进行经济核算，但仍然是按年度分配经费。其分配额度也不是按课题的需要，而是根据上级拨款的多少进行分配。多年来科研计划是每年10月上报，翌年年初下达，而经费指标往往要到

5—6月才能下达，以致从院、所、室以至课题负责人接到科研任务后几个月甚至半年不知道自己有多少经费，无法安排科研活动，严重影响课题的进展。因此，在不能按课题实行经费全包干的情况下，建议将科研年度计划改在从每年的7月开始到翌年的6月底为计划年度，使科研计划与经费审定一致起来。

第四，改进管理方法，健全和完善管理制度。管理的目的对于领导层来说最重要的是决策正确，从而取得最大的效益，在既定目标下则是提高效率。目前的工作中无效和低效劳动是很常见的。就华南热带作物科学研究院来说，无论是研究系统还是职能机构都存在着层次不清、职责不明的现象。华南热带作物科学研究院现有的科研机构包括9个所站，管理方法在很大程度上还是沿用过去管理一个研究所的方法。因此，对在自己附近的单位，上一层次的领导者和职能机构做了下一层次的事，其结果是上级领导忙得不可开交，下一级领导形成依赖。对远离自己的单位，又在一定程度上放弃了管理。此外，职能部门的作用未能充分发挥，把本来归自己处理的事上交给领导。同样，在科研人员中这种职责不清的现象也相当普遍，一些辅助性的工作，也得高中级科研人员亲自动手陪着一起干。一篇论文，无论对其中的设计、论点以致内容能不能负责，也都得把相关人员的名字列上。新从学校毕业出来的大学生不愿参加实际工作，特别是大田、野外的工作，只能关起门来学习。因此，亟须制订出各级、各类人员的岗位责任制，作为考核的依据。

我们在管理中存在的问题还很多，这里只就个人认识提出几点问题。热带作物科研管理作为一门学科，有许多自己的特点，今后应该在管理实践中进一步深入研究。

科研单位创办经济实体的实践与认识[①]

贯彻中共中央关于"依靠"和"面向"的战略方针进行科技体制改革以来,科研单位先后创办起一批技术经济实体。这些实体在促进科技与经济的结合,加速科技成果转化为现实生产力,为科研单位开辟经济来源,增强自我发展能力,以及解决职工家属子女就业等方面发挥了重要作用,显示出经济实体在科技开发中的特殊功能和效果。但是,经济实体由于受许多内部条件和外部环境的影响与制约,在发展中也显露出一些问题与矛盾,有的甚至出现了极大的困难。人们对经济实体的性质、任务和目的也存在着不同的认识。因此,认真总结办经济实体的经验教训,提高和深化对它的认识,对经济实体健康稳定地发展是十分必要的。本文根据中国热带农业科学院办经济实体的实践,仅就发展中碰到的有关问题提出讨论。

一、中国热带农业科学院经济实体的发展和现状

中国热带农业科学院创办经济实体经历了从个别探路到普遍发展再到调整巩固的过程。

早在20世纪70年代末,华南热带农产品加工设计研究所就在试验工厂的基础上创办乳胶制品厂。他们利用自己的技术优势和

---

① 本文1996年收入《中国农业文库》。

资源条件生产医用输血胶管。以后又相继开发了一次性注射器活塞，单腔、双腔与三腔气囊导尿管和胃管，以及其他医用和家用橡胶制品。80年代中期，院部依据橡胶木材防虫防腐与利用的试验成果，在中试工厂的基础上建立了改性橡胶木材加工厂，生产橡胶木板方材及其家具。兴隆试验站、热作所根据引种试种香草兰的成果，分别与地方单位和生产部门合作建立联营公司，开发种植香草兰及其他热带香料作物。南亚热带作物研究所等单位也利用其成果开发西番莲果汁和芦荟汁饮料。与此同时，有的单位利用自己的技术优势或资源条件，根据市场的需求创办了生产创收性的实体。后勤服务和物资基建部门转变职能成立了经营性服务公司。经过几年的发展，全院已先后创办了独立经营、自负盈亏并经注册登记过的各类经济实体15个，其范围包括种植业和加工业，主要是产后的加工开发。按其性质可分为以下3种类型。

一是科技开发型。主要是利用自己的科研成果开发产品，以加速科技成果向生产力的转化，包括自办企业和与外单位合办企业两种方式。这是经济实体的主体，占全院经济实体的50%。

二是生产经营型。利用本单位技术和资源条件，根据市场需要组织生产，主要是安排职工家属就业和开辟经济收入来源。这类约占全院经济实体的20%。

三是综合服务型。利用自己的技术专长、设备条件及生活服务设施建立经营性实体，既为本院科教工作和生活服务，也面向社会增加经济收入。这类实体约占30%。

大多数经济实体在加速科技成果转化、为科教工作服务、经济创收、安排就业等方面发挥了重要作用，但也有少数实体（主要是生产经营型实体）由于脱离本单位技术优势，靠贷款兴办，资金紧缺，又缺乏经营管理人才和经验，在1989年国家银根紧缩、市场疲软的冲击影响下，产品大量积压，经济亏损严重，最终导致停产。贯彻中共中央关于清理整顿公司的决定，进行清理整顿之后保留下来的经济实体共12个。1990年，全院经济实体的固定资产投资1000多万元，设备生产能力已具有相当规模，年产值2000多万元，并已初步形成了一支包括一定数量科技人员和经营管理干部在内的约700人的职工队伍。它已成为中国热带农业科学院科研、教育事业发展的必要条件。也是中国热带农业科学院长期扎根生产基地，坚持科研、教学、生产三结合新的组成部分。

二、技术经济实体的作用和地位

技术经济实体在科技体制改革中如雨后春笋般地迅速发展起来不是偶然的，它是科技体制改革的必然产物。

技术经济实体把科技开发和生产经营融为一体，以其先导性和示范作用有效地缩短了科技成果的转化周期，加速社会生产力的发展。中国热带农业科学院创办的改性橡胶木材加工厂和香草兰的开发种植都是很明显的事例。

橡胶木因其容易生虫发霉、变质腐烂而失去使用价值，过去都是做薪柴烧掉。1979年中国热带农业科学院取得了橡胶木防虫防腐和利用的研究成果。1981年被国家科委列为中试项目，在完成中试的基础上于1985年扩建成生产工厂。经过处理改性的橡胶木材，除了可制作各种款式家具，建筑用门窗、桁条、格子板、天花板、地板等外，还可制成各种规格的板方材、胶合板、纤维板、刨花板等材料。工厂投产以来，先后为海南和广东珠江三角洲的20个生产出口家具的厂家提供橡胶木材。工厂还接待来自橡胶垦区生产单位参观学习木材处理与利用的人员 2000 多人次。通过率先生产产品并推广应用，开发了我国橡胶木的新用途，为国家增加了一种木材的新资源。橡胶木材的处理和利用成为海南的一个新产业，并已出口创汇。据统计，仅海南农垦系统就有 28 家橡胶木材厂（含 6 家橡胶木胶合板厂），总投资 1.5 亿元，年加工处理能力 5 万立方米，自 1985 年投产以来出口家具 60 万件，创汇 800 万美元，利润 1100 万~1500 万美元。1984 年以来，海南已更新橡胶园 56.25 万亩，生产原木 140 万立方米，这些木材得到了比较有效的利用，海南农垦系统的橡胶木材厂自投产以来产值达到 2.8 亿元。

香草兰是一种名贵热带食品香料，以前国内尚无生产。中国热带农业科学院兴隆试验站引种试种成功后，与海南日用化学工业公司合作列入海南省计划，建立商品基地，发展生产。中国热带农业科学院热作所也与海南纺织供销公司、中国纺织化纤工程公司等单位联合建立华南天然香料公司，发展香草兰。由于这两个实体的种植示范，带动了海南香草兰的生产，现已在万宁、琼山和儋县等地开始种植，并已列入轻工部和海南省计划，准备大面积发展，建立香草兰基地。

经济实体为职工提供了就业门路，这也是其他开发形式所不具备的。这个问题在其他农业科研单位也存在，但中国热带农业科学院特别突出。中国热带农业科学院地处农村，远离城镇，为了科研教学事业的发展，自己要建立一个社会，创造科教工作和职工生活所必需的条件，其中安置人员就业就是一个突出的问题。全院每年有 150~200 名中学毕业生要安排就业。同时，解决知识分子的配偶、子女就业是落实知识分子政策的重要内容。几年来院属经济实体安排就业人员 450 人，所站经济实体安排就业人员

200多人，占院职工人数的1/4以上。这对稳定职工和知识分子队伍，保证科研、教学工作的顺利发展，创造一个安定的社会环境起了重要作用。

三、技术经济实体的创收效果和存在的问题

经济实体能为科研单位带来比较稳定而有效的创收，是它得以迅速发展的重要原因之一。经费短缺，工作和生活条件得不到改善，是长期困扰农业科研单位的问题。体制改革以来，随着社会主义商品经济的发展，科技成果的商品化，科研单位为了增强内部活力，适应改革的需要，利用自己的科技成果采取多种形式和途径创造经济收入。但是由于农业科技成果的可控性差，自然扩散强，成果的生产周期长而商品的寿命短，社会效益高而商品价值低等特点，难以通过成果的一般转让、科技服务等形式取得持续稳定的经济收入，创办经济实体就成为必然的选择。中国热带农业科学院的情况尤其如此。热带作物大都是多年生，很多是无性繁殖，所需要的种源数量有限，不可能以此取得较高的收入。另外，作为部属单位，地处特区环境，国家事业费拨款标准与特区高消费补贴相距甚远。为了稳定科技队伍，保证科研事业的发展，不得不多方寻找创收渠道，这也是中国热带农业科学院除了创办科技开发型经济实体外，还兴办一些纯属生产创收实体的重要原因。事实上，只要充分发挥自己的优势，产品适销对路，生产经营得当，经济实体的效益是十分显著的，加工所乳胶制品厂就是一个典型的例子。

乳胶制品厂从创办以来至 1988 年以前，一直保持稳定发展，投资不大，效益很高。据 1981—1989 年统计，9 年总产值 1131.8

万元,利润817.3万元,百元固定资金的产值和利润分别为215.4元和34.3元。年收入超过了事业费拨款,缓解了事业费的严重不足,为改善生活科研工作条件和职工生活福利作出了贡献。其产品医用输血胶管销售全国各地,占国内市场约1/4。9年缴纳税金总计688.2万元,为地方增加了财政收入。院属经济实体情况也类似,1988年以前一直保持稳定发展的势头。1981—1989年总产值(含营业额)5161.5万元,利润67.1万元,百元固定资金的产值和利润分别为347.7元和11.2元。年平均收入虽不高,但安排职工就业人数1989年已达413人,工资额100万元,减少了事业费的负担,此外,还缴纳税金58万元。

但是,从1989年开始经济实体出现了大的滑坡,产品积压,经济亏损。究其原因,除大环境的影响外,从经济实体自身反思,也有多方面的原因。

第一,技术经济实体,虽有技术和经济的双重属性,更主要是一个经济组织,受经济规律的支配。同其他科技开发形式比较,其他形式都是直接转让科技成果,而目前科技成果转让的收费普遍不是以它的成本为依据,而是以它产生的效益来收取,伸缩性很大。经济实体则不同,它是将成果物化为产品出售,在此过程中需要远比取得成果的经费高得多的资金再投入,因此需要严格的经济核算。

第二,目前经济实体开发的产品大多不是高技术产品,其技术含量低,在市场上竞争力不强,尤其是纯生产创收的实体,有的偏离了自己的技术所长,没有优势。中国热带农业科学院现已停产的实体都是这类工厂。

第三,创办经济实体的资金基本上靠银行贷款,1988年以后固定资产猛增,银行贷款急剧增加,利息负担过重。由于没有国家投资，经济实体未纳入计划，它所需要的物资、设备、原材料、燃料、动力都是高价采购。产品的成本提高，再加上有的贷款利息甚至高到占成本的8%~31%，导致竞争力不强。

此外，科研单位本来就缺乏经营管理人才和经验，保持常规、传统的生产经营已属不易。当前市场千变万化，竞争激烈，加上国家银根紧缩，市场疲软，经济实体难以适应，出现困难，有的难以维持。

四、对发展经济实体的意见

中国热带农业科学院经济实体最早的虽已有10余年历史，但大多数是在1987年前后创办起来的，无论是实践经验还是认识深度都远远不够。作为在改革中出现的新生事物，如同其他事物一样，有一个产生、发展和逐步完善的过程。目前出现一些问题是不足为怪的，只要我们认真总结经验教训，提高认识，努力创造有利于它成长的内部条件，争取良好的外部环境，经济实体是能够健康、顺利发展的。

第一，指导思想要明确。概括地说技术经济实体是以科技成果为基础，以生产产品为导向，以经销营利为手段，以加速科技成果的转化、发展社会经济为目标的统一体。因此创办经济实体必须结合本单位的专业特点，依托自身的技术优势，走投资少、效益高的路子。科研单位离开自己的技术特长就无优势可言，在市场上失去了竞争力，也违背了创办经济实体的宗旨。

第二，措施得当，步子稳妥。要从实际出发量力而行，不能仅凭主观愿望办事。要充分认识并努力创造兴办实体所必须具备的条件，慎重选择项目，并经充分论证确定具有特色、应用面广且有竞争力的项目上马,依靠自我积累逐步发展,不能急于求成。从中国热带农业科学院实际情况来看,创办技术经济实体至少要有以下条件:①科研成果必须是成熟、过硬、配套、可以转化为生产的技术;②产品具有特色,是市场所需,有稳定的原材料来源和物资供应;③有足以启动和支撑经济实体正常运转的资金;④有一批懂技术、会管理、善经营和守法纪的配套人员。根据这些条件,对那些纯属经营性的实体要特别慎重,尽管在客观上有需要,如果条件不具备,勿仓促上阵。综合服务型实体,其范围广、性质杂,不属科技开发,但它是科研单位的技术系统、后勤服务系统向社会化的发展,符合改革精神。它的投资小,又有一定收益,而且稳定、可靠,更能节省事业费开支,仍然是可取的。

第三,开发高技术产品。这是经济实体今后发展的方向。现有经济实体的产品在社会上竞争力不强,经济效益不高,其原因很多。产品的技术含量不高,属于一般技术产品是重要原因之一。科研单位参与市场竞争主要靠自己的技术优势,只有用自己雄厚的科技力量,不断开发出高技术产品去开拓市场,实现生产的发展,才能使自己立于不败之地。如果停留在一般技术产品上靠买方市场来驱动,一旦市场疲软,加上其他方面的不足,必然陷入困境。

第四,加强对经济实体的管理和指导。中国热带农业科学院经济实体经几年的发展,已形成相当的规模,打下了一定的基础,在今后发展中必将成为科技产业中一支不可忽视的力量。但是从目前的情况来看,经济实体尚处在自生自灭的状态。要办好经济实体,除内部需要强化管理,理顺关系,调整管理体制,健全各项制度外,还必须加强宏观的指导与协调;上级主管部门和产业部门要把经济实体纳入自己的计划，在资金和物资上给予支持和帮助，业务上加以指导与监督；在外贸、税收等政策上要予以照顾、优惠。通过上述措施，为经济实体创造一个良好的社会大环境，使经济实体沿着正确的轨道顺利发展。

从我国热带作物科教事业的发展看社会主义的优越性和改革的必要性①

这次参加学习《马克思主义哲学学习纲要》和《社会主义若干问题学习纲要》，集中一段时间读书，又听了老师讲课，有较充裕的时间思考一些平时无暇思考，或虽有议论并未完全弄清楚的问题。像我们这样年纪的人，参加革命工作的经历，正是我国社会主义诞生和建设发展的经历。我们尽管工作岗位不同，都在为社会主义大厦添砖加瓦。我们的思想与情感与社会主义事业在前进中的成就与挫折，以及改革开放以来所取得的成就与所出现的问题，都很紧密地联系在一起，为其取得的胜利而欢欣鼓舞，也为其遭受的挫折而担心。通过学习《马克思主义哲学学习纲要》和《社会主义若干问题学习纲要》，用辩证唯物主义和历史唯物主义的观点，回顾我国社会主义建设，特别是改革开放的历史进程，我们对社会主义发展的规律，它的长期性、曲折性、复杂性及其代替资本主义的必然性有了更深刻的认识，对社会主义事业在前进中所出现的问题有了进一步的理解，坚定了信念，增强了信心，提高了坚持四项基本原则、坚持改革开放，以及贯彻执行党的路线、方针、政策的自觉性。

---

① 本文为1990年作者在海南省委党校学习《马克思主义哲学学习纲要》和《社会主义若干问题学习纲要》的结业论文。

一、我国热带作物科教事业的发展是社会主义优越性的体现

社会主义代替资本主义是人类社会发展的必然。中国不能、也走不了资本主义道路，这已为中国的历史事实所证明。正如邓小平所说，中国"如果走资本主义道路，可能在某些局部地区少数人更快地富起来，形成一个新的资产阶级，产生一批百万富翁，但顶多也不会达到人口的百分之一，而大量的人仍然摆脱不了贫穷，甚至连温饱问题都不可能解决。只有社会主义制度才能从根本上解决摆脱贫穷的问题"。这种状况只要回顾一下历史就很清楚。社会主义与资本主义相比有无可比拟的优越性，这是历史事实证明了的。

我国热带作物科技事业的发展也可说明这点。中华人民共和国成立前我国除海南岛种有几万亩的橡胶树和椰子树外，其他热带作物基本没有生产。热带作物科技、教育则完全是空白。优越的气候条件，丰富的热带资源根本得不到利用。广大的热带地区一直是人迹罕至的荒芜之地。中华人民共和国成立后，在党和政府的大力支持关怀下，橡胶等热带作物迅速发展起来，多年沉睡的土地开发起来，带动了整个地区的发展。随着生产的发展，热带作物科技、教育事业也建立发展起来。在不到40年的时间里，生产和科技都取得了举世瞩目的成就。全国橡胶树种植面积已达到900万亩，年产干胶24万吨，占国家需要量的50%，面积和产量分别居世界的第四、第五位。在科学技术上，我国在北纬18°以北，国外认为不宜种植橡胶树的地区大面积种植成功。综合高产栽培技术，试管花药橡胶、连续化制胶工艺等科研成果，居世界

领先地位,受到国外的重视。我国种植热带作物的面积在世界上所占的比例很小,自然条件差,风寒灾害比较严重,发展的历史也比较短。热带国家多属发展中国家,其中很多国家早期曾是殖民地,老牌殖民主义者在那里长期统治、经营过,有的科研机构实力是很雄厚的,如法国,除在本土外,还在非洲设有橡胶科研机构,有大量科技人员在那里从事科研。马来西亚橡胶研究院是世界上最大的天然橡胶研究机构,年经费 2000 万美元。而华南热带作物科学研究院年经费才 600 万元人民币。但从科学技术水平衡量,自信毫无逊色,我们所依靠的就是社会主义制度的优越性,靠国家、靠科研同生产结合、靠群体的力量。

二、从"两院"科教事业的发展变化看改革开放的必要性

马克思主义哲学关于社会基本矛盾运动的规律告诉我们,社会主义社会的基本矛盾仍然是生产力和生产关系、经济基础和上层建筑的矛盾。江泽民同志在国庆讲话中指出,自觉调整生产关系中与生产力不相适应的部分,调整上层建筑与经济基础不相适应的部分,就是我们所说的社会主义改革,如果不进行这样的改革,就会窒息社会主义内在的活力和生机,就会严重妨碍社会主义优越性的发挥。改革开放就是社会主义制度的自我完善。我国 10 年来所取得的伟大成就完全证明改革开放的必要性与正确性。

"两院"改革开放以来的变化也是生动的佐证。

第一,根据中共中央确定的"经济建设必须依靠科学技术,科学技术工作必须面向经济建设"战略方针,调整了科研方向与任务,扩大了研究、教学范围和服务对象。从原来以主要研究橡

胶扩大到多种热带作物；从主要面向国营农场扩大到面向地方农村。为此，增设了研究机构和教学专业，扩大了招生，在校生从原来的600余名逐步增加到2000名；专业数量从原来的四五个增加到十多个；从原来单一培养本科生，发展到本科、专科、研究生、成人教育等多层次、多学科。科研教学规模有了迅速的发展与扩大。

第二，加强科技成果的推广与开发。过去在研究工作中存在的弊端是与经济建设脱节，科研成果写成论文就束之高阁或者停留在"样品、礼品、展品"阶段，成果在生产上的应用率低。在科技体制改革中，在各级主管部门的支持下，"两院"同国营农场、地方单位、生产部门合作，建立示范基地和科技服务点，开展技术承包、技术服务，先后在海南建立了37个固定基地和服务点。根据海南省政府决定，先后派出了9名中级科教人员到相关县（市）任科技副县（市）长，开展科技兴农、科技扶贫工作。在院内自办经济实体，把科技成果开发成产品。这些都有效地推进成果的转化，促进了生产的发展，也密切了"两院"同生产的结合、同群众的联系，同时，促进了科研、教学的深化改革。

第三，开展了对外学术交流和科技合作。多年来特别是"文革"期间，科教单位多处于自我封闭状态。党的十一届三中全会以来，"两院"积极开展了对外学术交流活动，参加国际学术组织，出席学术会议，派遣出国留学生、进修生、访问学者，及时了解国外的科技动态，交流了学术思想。通过科技合作引进了国外优良品种，如参加国际橡胶研究发展委员会组织的巴西亚马孙流域橡胶原产地的考察，引进的橡胶种质6000多个。大大丰富了我国热带作物品种资源。

第四，加强基础设施建设，改善科研教学条件。改革开放以来，在上级部门的大力支持下，加强了科研、教学设施的建设，并通过世界银行的贷款建立了仪器测试中心和电子计算机中心。最近又在国家支持下建立了热带作物生物技术国家重点实验室。这3个机构投资将近700万美元，装备了20世纪80年代国外先进水平的仪器设备，为开展高科技项目的研究与开发、提高科研教学质量和水平，也为特区经济开发服务、对外开放创造了良好的条件。

党的十一届三中全会以来，科技、教育被提到重要位置，提出实现四个现代化建设过程中教育是基础、科技是关键。强调科学技术是生产力，知识分子是工人阶级的组成部分。提倡尊重劳动、尊重知识、尊重人才、尊重创造，鼓励学文化、学科学、学技术，对于我国社会主义事业长远发展、国家的长治久安具有深远的意义。由此，我们不难想象，如果不是改革开放，我们还是按照原来的老路走下去，绝不可能有这样的变化。当然，我们在改革开放的过程中，也出现了新的矛盾和问题，只要我们从实际出发，实事求是，认真总结经验教训，也一定能够克服前进中的困难。

三、学习马克思主义哲学，正确分析和认识社会主义实践中出现的问题，进一步坚定建设社会主义的信心

社会主义在实践中所经历的曲折历史进程，反映在我们的思想认识上也是一个逐步提高、不断深化的过程。社会主义代替资本主义，这是不以人们意志为转移的历史发展客观规律。这是我们已经认识到的，但是它最终实现还需要一个漫长的历史过程，而且还要经过复杂、艰巨、曲折的斗争，会经受挫折。尤其在我国，社会主义脱胎于半封建半殖民地社会，生产力水平很低，经济文化落后，同马克思、恩格斯曾经设想的社会主义革命会在发

达资本主义国家发生的条件相比，存在着很大的差距。因此，我国的社会主义建设的任务更加艰巨、复杂，困难更多，在工作中产生这样那样的缺点和失误，更是难以避免。所以，我们只有认真学习马列主义、毛泽东思想，正确运用马克思主义的立场、观点和方法认识国情，从我国的实际出发，寻求和采取适应现实生产力水平的过渡形式，探索中国特色社会主义道路。同样，我们对资本主义的认识也不能过于简单化，既要看清其发展的历史进程和前途命运，同时也要看到有些国家的科学技术和生产力仍然有较快的发展。只有用历史的、辩证的、全面的观点来观察和分析社会主义和资本主义，我们才能在国际风云变幻中，在遭受挫折、碰到困难时，始终保持清醒的头脑，不致迷失方向，自觉地坚持四项基本原则，坚持改革开放，坚定地走社会主义的道路。

改革开放以来，我国取得了巨大的成就，工农业生产的发展、经济的增长、市场的繁荣、科教文卫事业的兴盛、人民生活水平的提高和学术思想的活跃都是前所未有、举世瞩目的。我们应该保证改革开放顺利进行，使中国特色社会主义建设沿着马列主义、毛泽东思想的航道前进。

市场经济与我国天然橡胶业[①]

党的十四大确定的建立社会主义市场经济体制,对我国天然橡胶事业的发展是一次新的考验。从经济体制考察,我国天然橡胶的发展经历了两个主要时期。第一个时期是20世纪50年代初到70年代末,即农村经济体制改革初期。天然橡胶完全按照国家计划发展,由国家投资,按计划供应生产物资,产品实行价格保护,统一购销。橡胶处在长期稳定的高盈利下生产,生产得到不断的发展。第二个时期是70年代末到90年代初。随着经济体制改革,橡胶生产实行有偿投资、承包经营、对外开放、价格改革。大量廉价的进口橡胶源源不断涌进国内市场,猛烈冲击着国产橡胶,致使国产橡胶一度滞销积压,生产陷入困境。建立市场经济,特别是加入关贸总协定后,对国产橡胶将会带来更大的冲击。因此,在新形势下研究我国天然橡胶业的生存与发展,是一项十分有意义的课题。本文试图从市场经济的角度讨论天然胶生产中的几个问题,探求我国天然胶适应市场经济新形势的路子。

一、天然胶的潜在需求与有效需求

社会主义现代化建设需要大量的天然橡胶,国产橡胶远不能

---

① 本文为1993年中国热带作物学会农业经济学术讨论会论文,由梁荫东和傅国华合作撰写。

满足我国经济发展的需要,这是众所周知的事实。专家的研究表明,国产橡胶的潜在需求量很大,1991年国产干胶总量为28.9万吨,而国内消费量为60万吨,自给率不到50%。根据专家的预测,到2000年国产天然橡胶供应量可达45.75万吨,消费量则达87万吨左右,自给率也只有53%左右,可见国内市场潜力很大。从市场潜力分析,国产橡胶应该是供不应求,销路畅好,但是,从市场经济的角度考察,市场的潜在需求并不一定都能变成有效需求。前几年国产橡胶的滞销积压就是明显的例子。国产橡胶历来都不能满足国内需要,每年均需进口橡胶补充,多年来都是如此。对仅能满足需要量50%左右的国产橡胶不能形成有效需求,不是因为质量或其他原因,主要是价格偏高,与进口胶相比缺乏竞争力。

在传统的计划经济体制下,国产橡胶受到保护,国家严格控制进口,国产橡胶生产多少都由国家包销,不存在有效需求的问题。在市场经济条件下,企业是主体。企业以自己的产品在市场竞争中求生存与发展,而不是靠行政指令。所以,国产橡胶的潜在需求能否转变为有效需求,关键在于提高它的竞争力。政府对市场的保护将会越来越少,加入关贸总协定后,关税下调,国内市场与国际市场对接,政府保护的可能性会更小。因此,重视国产橡胶的有效需求,想方设法提高其竞争力是国产橡胶发展的关键,改革的策略与措施、经营机制的转换等,都应围绕这一中心来进行。

二、国产胶的价格与生产成本

橡胶价格是左右有效需求的主要因素。价格是市场机制的核心。在市场经济条件下,价格是由价值规律与其所反映的供求关系的变化所决定的。以往国产橡胶的价格是由国家核定，而且多年不变。国产橡胶第一次定价是在1962年，每吨收购价6080元，一直沿用到1988年，持续26年未变。其间，每吨干胶净生产成本不到3000元，成本利润率高达100%以上。这一盈利能力在当时比任何农产品都具有优势，对促进我国天然橡胶业的发展起到积极作用，也是我国在热带北缘地区、有台风寒潮危害的条件下橡胶业能够兴旺发展的主要原因之一。自经济体制改革以来，物价逐步放开，橡胶生产所需的各种物资费用急剧增加，干胶生产成本较大幅度上升。20世纪80年代后期，干胶平均成本已达5200~5500元/吨。按原来6080元/吨的收购价格计，成本利润率只有10%左右，同70年代前比盈利只有原来的1/10，实际上橡胶生产已无法支付其资金成本。国家不得不提高价格，于1989年将定价调整为7850元/吨（实际售价并未达到）。据资料记载，70年代中期到80年代末，国产橡胶价格一直较国际橡胶价格高，特别是80年代以前较国际橡胶价格高出很多。不过那时我国还在计划经济体制下，国产橡胶未受到冲击。进入80年代以后，随着经济体制改革，对外开放，进口橡胶从多种渠道和途径涌进了国内市场。一些橡胶使用部门和企业开始使用廉价的进口橡胶，压缩了国产橡胶的使用量，造成了国产橡胶的大量积压。国产橡胶一成不变的定价不能适应市场供求关系的变化，也不能激发企业的竞争意识。所以，要提高国产橡胶的竞争力还必须从价格机制上摆脱计划经济的影响。

国产橡胶要提高竞争力必须严格控制成本，降低价格，同时保证生产者盈利。如果成本居高不下，则橡胶价格无法下调。生产者没有利润，生产也不能维持。尤其是国营农场大多地处偏远地区，维持正常运转的非生产性开支很大。开办学校与医院、安保、住房、道路建设、职工退休养老，都靠农场投入。近年又值老工人退休高峰期，负担沉重。根据调查资料，现行干胶成本中，直接生产费用与间接费用的比例为 1∶1.5，间接费用很高。因此，降低成本的重点应在控制间接费用、压缩非生产性开支上。

三、种植橡胶树的效益与资源的配置

市场经济是以市场配置资源为其基本方式的经济，是经济资源配置的调节器。所谓资源配置，包括土地、劳动力、财力、物力和科技等要素在社会再生产中的流向。通过价格、供求、竞争等市场机制的作用实现资源优化配置。改革开放以来，我国的经济得到长足发展，尤其是沿海、沿边地区发展迅速。曾经在种植业中最具有优势的天然橡胶业，近几年却停滞不前。无论是土地的产值还是劳动力的收入，同其他产业相比或同自身历史相比都表现出较大的反差。从土地资源来看，一亩橡胶树年产值400元左右，在20世纪80年代以前的种植业中收益是比较高的。但农产品价格开放后，不少产品（如热带水果等）亩产值达千元以上。高产、优质、高效农业的发展，许多作物的产值将超过橡胶树，土地资源的重新配置势在必行。职工收入同样如此。20世纪60—70年代，胶工的收入是周围村民所羡慕的。而目前胶工的工资与沿海开放地区打工人的工资相差甚远，所以近几年来农场职工外流现象严重，胶工后继乏人。这也是劳动力资源参与市场配置的一个表现。从市场经济的角度认识，这些现象都是必然的也是合理的，但对天然橡胶业的发展却产生了巨大的压力，土地的使用和劳动力来源都受到影响。因此，在提高国产橡胶竞争力的同时，还应重视农场的经济效益，不断提高劳动生产率，增加职工收入，以保证橡胶业的发展。

四、适应市场经济，发展天然橡胶业的思路

我国天然橡胶业经历了40年艰苦奋斗的历程，为社会主义建设、地区的经济发展和社会进步作出了贡献。当前，面对市场经济的挑战，形势是严峻的。但是，现有基础是坚实的，潜力还很大。出路在于深化改革，转换经营机制，改变过去"生产任务型"的经营为"经济效益型"经营，降低成本，提高效益，增强竞争力，走向市场，放弃对国家保护的期待，走"开放型"的发展道路。

（一）科学兴胶，集约经营，坚持高产、优质、高效发展

据1990年统计，全国植胶面积907万亩，开割面积约占67%，平均亩产量57.5公斤，其中，云南平均亩产83.2公斤。1992年，国营农场橡胶园亩产70公斤以上的有131.5万亩，占开割面积的35%，其中，亩产80公斤以上的52.6万亩，亩产100公斤以上的27万亩，说明橡胶生产潜力是很大的。据专家研究，平均亩产达到80公斤，国产橡胶就有了竞争力。目前达到此水平的面积不大，只占开割面积的8.1%左右，但是可以努力做到，例如云南全省已达到此水平。为此，要着重做好以下工作。

第一，选好用好种植基地，把一等宜林地的橡胶树管好。将环境差、长期产量上不去或保不住的种植基地逐步淘汰，改种其他适合的作物。这样才能使橡胶产量有基本保证。

第二，选用优良品种，逐步更新低产和已到更新年龄的橡胶园。

第三，大力推广科学技术，加强胶园管理，创造高产条件，不断提高单产水平。

第四，改革割胶制度，提高劳动生产率。把目前每个胶工负责 400~500 株的定额提高到 1000 株。并逐步形成胶工个人的规模生产，提高胶工收入，实现高效。

（二）深化改革，全面转换经营体制，走向市场

长期的计划经济体制，束缚着人们的思想。橡胶树是多年生作物，作为战略物资，使得在改革上瞻前顾后。因此，在深化改革中，应进一步解放思想，大胆探索，根据橡胶农场的特点走出自己的新路子。

第一，处理好管理局与农场的权属关系。要进一步下放权力，扩大农场自主权，特别是生产经营权力。减少中间管理层次，压缩非生产性开支，减轻农场负担。

第二，全面转换经营机制，改变国有资产所有权的约束机制，提倡多种形式的经营体制，如推行股份制等，使职工成为橡胶业的真正主人，充分调动干部、职工的积极性。

第三，加强经营管理，提高经济效益，严格控制成本，研究投入与产出的比例，并以此衡量农场的好坏，确定生产规模和经营方案。

（三）创造天然橡胶业走向市场、适应市场经济的环境

在橡胶生产成本中直接费用占 40%，间接费用占 60%。这些间接费用主要是社会基础设施（如交通、通信）和公益事业（学校、医院等），是国产橡胶成本高的重要因素。一旦解除或减轻农场这方面的负担，橡胶成本即可明显降低，竞争力得到加强。据

专家研究，海南民营橡胶园平均单产只有国营橡胶园的2/3，而它的收益却是国营农场的3.6倍，效益十分明显。这主要是民营橡胶园投入少（约为国营的50%），间接费用少。如果说天然橡胶业需要国家的保护与支持，那么应该在这方面创造条件，使其轻装上阵，走向市场，投入竞争。

发展我国热带作物产业基本对策的思考[①]

几十年来,我国热带作物事业的发展几经曲折,波浪式前进。热带作物垦区以橡胶为主的热带作物生产基地,为国计民生提供了不可或缺的产品,为热区的经济发展和社会进步作出了重大贡献。

在改革开放的新形势下,面对国际上农产品贸易不景气、市场激烈竞争、进口产品冲击,近几年来热带作物产品价格大起大落,生产效益时好时坏,长期受到国家保护、价格一直保持平稳的天然橡胶也出现了严重积压。我国热带作物现有生产远不能满足国内需要,本应供不应求,但现在产品却大量积压,广大生产者蒙受重大经济损失,处于十分困难境地。这种不正常现象不能不引起人们的思考和疑问:我国发展热带作物有没有优势?究竟应如何看待我国热带作物生产的效益?是否生产橡胶不如买橡胶?国家对热带作物(主要是橡胶树)该不该继续实行保护政策?等等。

我国热带作物事业面临着严峻的挑战。当前严峻的局面已关系到包括老一辈无产阶级革命家在内的广大创业者艰苦奋斗所创立起来的事业之兴衰,也关系到热区今后社会经济的发展,不可等闲视之。挑战与机会并存,时代赋予每个国家、每个地区的机

---

① 本文发表于1999年第1期《海南农垦科技》,为梁荫东和莫善文合作撰写。

遇不尽相同，也不一定均等，但是都不应漠然视之，也不能草率从事，必须认真对待，作出自己的选择。本文就我国热带作物事业面临的形势及其出路略陈浅见。

一、现状与属性

与自给半自给性农业生产不同，热带作物生产是商品性生产。由于我国热带作物适生区有限，生产规模不大。长期以来除个别产品（橡胶）是由国家计划统一销售外，其他热带作物产品全靠市场调节，对市场的依赖性很大。市场状况直接影响热带作物生产的发展。至1988年年末，我国8种主要热带作物生产情况如表1所示。

表1　1988年中国热带作物生产概况

作物	总面积（万亩）	收获面积（万亩）	总产量（吨）	平均亩产（公斤）
橡胶	877.6	428.7	239810	55.9
咖啡	26.7	2.9	1304	45.0
椰子	30.9	15.0	61567	410.0
油棕	5.6	1.1	1317	119.7
腰果	17.5	9.0	676	7.5
香茅	32.3	25.3	2098	8.3
胡椒	25.8	10.1	6975	69.1
剑麻	23.0	15.9	24244	152.5

表1中8种作物的总面积为1039.4万亩，占我国热带作物种植区总面积44506.8万亩的2.3%。除橡胶外其余作物经营规模不大，而橡胶面积也不过只占全球橡胶面积的7.5%。我国天然橡胶

产量约占世界的 4.8%，剑麻约占 5%，胡椒约占 5.6%，腰果约占 1.5%，咖啡、油棕、椰子所占比则更少。总的来说，我国热带作物经营不是出口型的，除香茅油和胡椒有部分或少量出口外，其他热带作物产品尚需大量进口。20 世纪 80 年代，我国每年进口天然橡胶 20 万~30 万吨，近年来每年进口咖啡约 2 万吨。1999 年国外椰子也进入国内市场。棕油多年来都在进口。我国热带作物产品要达到自给，尤其是橡胶，仍须付出巨大的努力。中国热带作物产业基本上属于进口替代型。

多年来，印度和巴西这两个发展中大国都在努力发展天然橡胶产业。尽管国际市场天然橡胶货源充足，印度和巴西天然橡胶生产成本都高于印度尼西亚、马来西亚、泰国和斯里兰卡，但他们一直未放松天然橡胶的生产。为了实现天然橡胶的自给，印度政府作出巨大努力，包括每种植 1 公顷橡胶树为种植者提供补贴 5000 卢比（约折合每亩 92 元人民币）。为了减少天然橡胶的进口，多年来美国一直力图在本土生产天然橡胶。在第二次世界大战期间，美国就提出了一项战备橡胶应急计划，准备在加利福尼亚州种植 18 万亩以上的银胶菊，且至今仍未放弃这项努力，对银胶菊的研究和开发从未停止。1988 年 1 月，美国农业部、国防部和私人企业共同努力，在亚利桑那州的萨卡顿附近建成一座银胶菊加工厂并已开始投产，计划先生产 100 吨橡胶供国防部试用。美国政府明确把发展银胶菊作为进口替代型产业，予以大力支持。

20 世纪 80 年代中后期，巴西年进口天然胶 5 万~10 万吨，巴西政府也采取对策，支持和鼓励本国天然橡胶产业，其中最重要的一条就是实行价格保护。据 1985 年来华访问的巴西农牧业研究公司的一位高级官员说，巴西为国产天然胶提供的最低保护价格是国际市场价格的 3 倍。

法国本土不能种植橡胶等热带作物。但法国政府从未放弃热带作物生产和科技工作，在国内和海外设有专门机构，派出大批人员从事这些工作。其目的也是利用海外属地建立稳定的热带作物生产基地，为本国提供原料产品。

可见，针对国计民生所必需的热带作物产品，尤其是橡胶，凡是有条件生产的国家无不竭力建立自己的生产基地。无论是发达国家还是发展中国家，都是如此。

二、效益与地位

我国热带作物生产集中在海南、广东、云南、广西和福建的垦区（以下简称华南农垦）。经过40年的发展，已引起世人瞩目。热带作物产业在国家经济中、特别在农垦经济中占有重要的地位。华南农垦在全国农垦系统中的地位如表2所示。从表2可看出，华南农垦的职工占全国农垦的19.4%，农业总产值占的19.8%，生产经营收入占22%，纯收入占27.4%；粮食生产不是华南农垦的主业，但粮食作物的单位面积产量远远超过全国农垦水平；华南农垦人均为国家提供的税利低于全国农垦的平均水平，应该努力赶上。

表2　华南农垦在全国农垦中的地位（按1988年数据计算）

项目	全国农垦	华南农垦	华南农垦占全国农垦的比例
总人口（人）	11546809	2054280	17.8%
职工人数（人）	5180256	1005576	19.4%
工农业总产值（万元）	3628743	579632	16.0%
农业总产值（万元）	1656753	328179	19.8%
粮食作物亩产量（公斤）	192	241	125.5%

（续表）

项目	全国农垦	华南农垦	华南农垦占全国农垦的比例
猪出栏数（万头）	289.39	74.84	25.9%
水产养殖亩产量（公斤）	660	1581	239.5%
化肥使用量（吨）	1751278	271052	15.5%
种植业生产经营收入（万元）	861488	189325	22.0%
纯收入（万元）	298526	81779	27.4%
工业产品销售收入（万元）	1768439	228138	12.9%
利税总和（万元）	244910	32528	13.3%

华南农垦近40年来共组建了360多个国营农场，加上第二、第三产业，独立核算企业473个，职工100万人。1988年工农业总产值57.96亿元，纯收入8.18亿元。在昔日荒山野岭、人迹罕见的边陲，建起如此庞大的企业集团，为数以百万计的人提供了就业。如果把热区近30万平方公里①范围约7000万人口算在内，我国热带作物事业的发展，也为其中的数以百万计的人（绝大部分农民）提供了全部收入来源或部分收入来源。其对地区经济、文教、卫生、交通运输事业的发展和社会进步所起的巨大促进作用，是不能仅用经济指标所能计算出来的。

华南农垦在地区国民经济中的地位因地而异。以海南省1988年的情况来说，海南农垦的工农业总产值为全省的26.2%，农业总产值占全省的41.7%。1988年海南农垦主要商品出口额为109407万美元。海南省1988年人均国民收入为999元，农民人均纯收入为609元，职工人均收入为1399元，农垦职工平均收入为1479元。从1952—1988年海南累计生产天然橡胶1417875吨，按

---

① 1平方公里=1平方千米，全书同。

平均每吨进口价1000美元计，折合14.2亿美元。近年来海南年生产干胶约15万吨，在减少天然胶进口方面每年为国家节省1.5亿美元外汇。这种进口替代型产业应得到国家大力扶持。

1952—1987年，国家对海南农垦累计投资19.6亿元，海南农垦累计上交国家利税21.3亿元，拥有固定资产净值15亿元，是海南省最大的企业集团。而这个企业集团是以橡胶种植业为基础的产业，橡胶种植业是海南农垦的生命线，对海南省的经济起着举足轻重的作用。海南农垦拥有全岛土地面积的25.4%，人口的15.2%，这样一个农林牧副渔全面发展、农工商运建综合经营的大型联合企业，在国民经济和地区开发建设中的地位和作用，绝非能够以种植橡胶或购买橡胶之币值衡量的。

三、优势与劣势

我国热带作物种植区，包括我国热带和亚热带大部分地区，位于北纬18°10′~26°10′。把中国热带作物种植区放到世界热带作物种植区中来考察，显然属于边缘地带，不仅谈不上有多大优势，还应该承认处于劣势，主要原因是风寒灾害比较频繁。

优势与劣势是相对而言、相比较而存在的。在我国960万平方公里的国土上，毕竟有29.7万平方公里的土地可以种植热带作物，而且形成了规模产业。有些作物（如椰子等）在这块土地上已生息繁衍了约2000年，有些作物（如橡胶等）的栽培也有近百年的历史。如果说热带作物产品实乃国计民生之所必需，为了减少进口，节省外汇开支，我国应该发展热带作物，那么，这块近30万平方公里土地在中国则有其优势。

按全国平均值计，1988年中国天然橡胶单位面积产量为838.5

公斤/公顷，低于马来西亚（1100公斤/公顷）和印度（970公斤/公顷），与斯里兰卡相近（840公斤/公顷），高于泰国（810公斤/公顷）和印度尼西亚（520公斤/公顷）。

中国8种主要热带作物大多处于发展中，投产面积有限。1988年投产（收获）面积只占种植面积的48.9%，其中橡胶为48.8%，咖啡为10.9%，椰子为48.5%，腰果为51.4%，油棕为19.6%，剑麻为69.1%，胡椒为39.1%，香茅为78.3%。一个重要的事实是幼龄热带作物大多为优良品种。优劣势的比较既要看过去和现在，还要看将来，看潜力。

自然灾害对作物的危害是优劣势比较的一个重要方面，但也是相比较而言的。世界上大概没有任何一个地方或任何一种大田作物（包括一年生和多年生作物）没有自然灾害。据《热作参考资料》1988—1990年的报道，在印度传统橡胶种植区域喀拉拉邦，1987年的干旱使当年干胶产量损失约6000吨；1981—1985年，美国佛罗里达州的柑橘连续4次遭受严重寒害，冻死柑橘树约123万亩，产量损失一半（减少420万吨），1983年冬的寒害使该州柑橘损失20亿美元，如今该州仍是美国最大的柑橘产区；巴西是世界头号咖啡生产国，但据资料显示，"巴西咖啡生产的气候条件并不太理想，干旱和寒害时有出现，1902—1981年出现过特大寒害2次，大寒害8次，中寒害13次……1976年减产70%，1985年的旱灾使1986年咖啡减产约半。"

在热带作物病虫害防治方面，我国则明显优于国外。例如，在橡胶原产地巴西，南美叶疫病一直是其橡胶发展的制约因素，我国尚没有这种病害。印度和斯里兰卡的橡胶季风性落叶病也远比中国严重。马来西亚的橡胶白根病，菲律宾、印度及非洲等地的椰子败生病、芽腐病、萎蔫病等都是毁灭性的严重病害，我国很少发生或没有发现。

以上这些实例说明,即使是具有明显优势的作物传统主产区,也会有严重的自然灾害,并非在所有方面都占尽优势。

四、种胶与买胶

中国是天然橡胶净进口国之一。国产天然胶在 20 世纪末难以实现自给。究竟是大力扶持本国的新兴产业,争取实现天然橡胶的自给,还是准备长期进口,有关决策部门应作出明智的抉择。这可从下述四方面来综合考虑。

第一,当今世界,商品丰富,可以使用货币购买物资,国际市场天然胶亦然。世界上没有哪一个国家能够样样自给。中国能否长期依靠进口天然胶来满足经济建设的需要,这就要从我国的国力和国策来考虑了。美国年进口天然橡胶约 75 万吨,是世界上最大的买家。美国本土无法种植橡胶,对这个超级大国来说,进口再多一些也是国力所能承受的,但它在近几年仍一直不惜耗费巨资发展银胶菊,同时,也不敢削弱天然橡胶的库存储备。印度的国力与中国相同,又同是人口众多的发展中大国,国产天然胶均未能自给。印度距天然胶生产中心最近,进口天然胶的成本会比中国更节省一些,但印度也一直努力实现天然橡胶的自给,把橡胶种植区域扩展到东北部各邦的非传统植胶区,向北越过了北纬 26°。巴西也是发展中国家,土地辽阔,人口较多,工业化程度较高,国力也较强,又是世界农产品出口大国之一。巴西天然橡胶年缺口量为几万吨(1988 年进口 9.92 万吨),进口天然橡胶是其国力所能承担的,但是巴西一直努力争取天然橡胶自给。这些情况也许可供我国参考。

第二,当前国际市场天然橡胶供求大体持平,有过剩的趋势。但国际市场风云变幻,捉摸不定。影响商品价格的因素很多,如果指望国际市场天然橡胶价格长期低落而寄希望于长期进口,未必明智。据联合国粮食及农业组织年鉴的统计,1975—1988年国际市场天然胶平均进口价如表3所示。

表3　国际市场天然橡胶年均进口价　　　（单位：美元/吨）

年度	平均进口价	年度	平均进口价	年度	平均进口价
1975	616	1980	1445	1985	859
1976	751	1981	1217	1986	865
1977	871	1982	934	1987	1065
1978	982	1983	1030	1988	1263
1979	1245	1984	1070		

1975年的时候,大概无人预计到5年后天然橡胶价格会提高1.3倍。至今,世界上也没有哪个机构或权威人士能够预言,今后国际市场天然橡胶价格将永远处于低水平。如果把立足点放在长期依靠进口,一旦国际市场天然橡胶价格大涨,而我国天然胶的份额仅占全球的5%~8%,不足以左右国际市场橡胶价格之大局。

橡胶树是多年生作物,非生产期长达6~8年之久。我国橡胶种植业发展到今天规模并非易事,是经历了两代人的辛勤劳动、艰苦奋斗、披荆斩棘而创立和发展起来的。如果在国际市场橡胶价格低落时放任进口,冲击国内市场,压垮国内天然橡胶产业,将会造成难以估计的损失。一旦国际市场天然橡胶出现供不应求、价格猛涨,我们再重整旗鼓来恢复橡胶种植业,事倍功半,远水解不了近渴。因此,种胶或买胶必须全面权衡得失利弊,作出慎重的抉择。

第三，"种胶不如买胶"观点的主要论据是进口橡胶比国产橡胶便宜。从贸易的角度考虑，当然是尽可能少花钱多进货，无可非议。但从一个国家的角度考虑，则有扶持本土产业、发展民族经济、保证国计民生所必需的物资长期稳定供应的问题，战备方面也需考虑。任何一个国家在任何时候都要扶持和鼓励发展对本国经济有重要意义的国内产业，对进口要有一定限制。号称"自由世界"的美国，至今仍对中国纺织品的进口严加限制。如果国产货不如进口货便宜就可无限制地自由进口，以致摧垮本国产业，那么，不光我国橡胶种植业，许多产业，包括汽车制造业、电子工业的某些行业，势必江河日下。如果美国执行这一政策，它的许多产业也要宣告破产。这不仅给国内经济造成巨大困难，也会引起难以预计的社会问题。无疑，国产货（包括天然胶）应尽力降低成本，提高竞争能力。据《国际橡胶文摘》（英文）1989年第4期报道，"1989年中国由于大量进口胶乳，冲击了国内市场，估计中国橡胶种植业将损失1亿元人民币以上……给中国的橡胶种植业造成很大的损失。"种胶与买胶，哪一个最合算，必须从国家整体利益和长远利益考虑。

第四，我国热带、亚热带地区约30万平方公里土地，约7000万人口，大多属老少边穷地区，基础薄弱，经济发展缓慢，文教卫生、科技事业都比较落后，人民生活水平较低，贫困面大，长期以来国家投入大量资金进行扶贫。如何使这些地区经济尽快发展起来，人民走上富裕的道路，也是党和政府十分关注的问题。根据几十年实践经验，通过发展热带作物开发这些地区，无论从经济效益还是社会效益角度考虑，都是较好的选择，特别是针对8万平方公里热带土地的开发利用。热带作物产品是国计民生所必需产品，在种植业中它的产值较高，效益较大，而且可以带动本地加工业和流通领域的发展，是帮助农民脱贫致富、促进地区经济发展和社会进步的重要途径之一。

五、出路与对策

我国热带作物事业近年来出现的问题，有的过去也曾出现过，如某些产品价格的大起大落。这些产品包括橡胶在内受到进口产品冲击，造成大量积压，并由此而引起的一系列问题。尽管这与国家进行经济治理整顿、紧缩银根有关，但从根本上说，这是长期处于封闭式、内向型的经济体制，在实行改革开放、转向商品经济运行机制后不可避免的问题。因此，在对策上也不能仅靠某些临时的、权宜的措施来解决，而必须从国家发展热带作物的方针政策和生产企业深化改革增强自身的活力两方面来考虑。

（一）振兴农业要靠政策、靠科技、靠投入

华南农垦创立并发展到现在的规模，主要靠国家的扶持，今后的生存与发展，仍需国家扶持。回顾世界农业或热带作物发展的历史，不难看出，任何一个国家农业的发展都离不开政府的支持。美国专家 H. M. 哈里斯在《美国农业政策的里程碑》一文中指出，农产品价格支持政策是近 50 年来美国农业政策的重点。马来西亚、泰国、印度等国，近二三十年来，通过政府的扶持，使热带作物生产取得了长足的发展（详见《热作参考资料》第 158 期）。政府的扶持，一方面是资金投入，另一方面是政策保护。

当前，在我国 1039.4 万亩热带作物中，约 49% 尚未投产。已投产的 428.7 万亩橡胶中，有约 1/4 是老龄低产橡胶园。为了提高

橡胶等热带作物产品的自给能力，提高劳动生产率，除要采取措施提高现有生产水平，迅速增加产量外，必须强化幼龄橡胶园的管理，促其早日投产。同时，加快老龄低产橡胶园更新步伐，增强橡胶生产后劲。因此，国家需要在资金上予以支持。马来西亚依靠政策资助和国外贷款，橡胶园更新每年花费1500万英镑，其大橡胶园的95％以上，小橡胶园的80％以上已更新，使产量大幅度提高。泰国1960—1990年取得国际金融机构贷款和政府预算拨款共达4亿多美元用于橡胶园更新，现以每年约更新75万亩的速度进行，生产水平也明显提高。

我国对天然橡胶应继续实行保护价格。由于农业生产物资不断涨价，职工工资不断提高，天然橡胶生产成本上涨，对天然橡胶的价格适当提高是完全必要的。同时还应该采取限制天然橡胶进口和提高天然橡胶进口税的政策以保护本国天然橡胶业的发展。对其他热带作物，产区的地方政府也应采取措施，实行保护政策。加强对生产和市场的调控，稳定热带作物产品的市场价格，防止大幅度的起落波动，保护生产者的积极性。海南省澄迈县政府通过该县咖啡公司给农民提供保护价，保证收购农民产品。同时，设立咖啡加工厂，提高了质量，打开了销路，提高了产值。在近年来国际市场咖啡豆价格猛跌，国内许多厂家大量进口，使国产咖啡大量积压，生产严重受挫的情况下，澄迈县这一做法独树一帜，使该产区的咖啡生产走出了困境。这一事例给人启迪，值得借鉴。

（二）热带作物生产企业和单位应挖掘自身潜力，深化改革，提高经济效益，增强竞争能力

从前面的统计中可以看出，按职工人均计算，1988年华南农

垦农业产值、生产经营收入和纯收入均高于全国农垦水平，分别为全国农垦的144.6%、113.2%和141.1%，而工农业总值和利税均低于全国农垦水平，分别为全国农垦的82.3%和68.3%。全国农垦农业产值占工农业总产值的45.6%，而华南农垦为56.6%。说明华南农垦还是以种植业为主。从橡胶亩产水平来看，1988年全国平均为56公斤，而先进的生产水平可使亩产高出平均水平1~3倍。其他热带作物，也是类似情况。这都说明华南农垦在增加产量、提高效益的方面还大有可为。

改革开放，面向市场是经济发展不可逆转的形势，热带作物产品必须使自己适应商品经济的发展和市场竞争机制。

第一，以经济效益为导向，优化产业结构。经过几十年的实践，热带作物垦区已形成以橡胶为基础产业的包括几种主要热带作物生产的基本格局。应在此基础上，发挥各地区资源优势，稳步发展，形成规模，生产出拳头产品，并以种植业为基础，发展加工业，尤其是深度加工，开发名特优新产品，改变单纯提供原料产品和初加工低档产品的状况。海南开发的天然椰子汁畅销国内外，就是很发人深省的事例。近年来，国外开发热带作物新产品也有许多好的经验。例如，刚果（金）推出的咖啡酒，获美国发明家俱乐部1987年新产品奖，在西欧和美国市场享有盛誉。我国台湾年进口十几万吨天然胶制造汽车、摩托车和自行车轮胎，再行出口，从中大量获利。斯里兰卡与意大利合作生产香蕉粉，比出售香蕉的收入高5~10倍。

第二，发挥农垦集团优势，增强竞争能力。农垦集团是一个庞大的国营企业集团，这本身就是很大的优势。面对国内外市场的激烈竞争，舶来产品的冲击，应该进一步组织起来，加强合作，紧密联系，互通信息，形成整体的力量。不要各自为政，甚至相互竞争，而是一致对外，共存共荣。中国热带作物学会剑麻研究会曾经介绍的粤西农垦剑麻产品联营公司的实践，显示出联合起来的优越性和强大的生命力。据介绍，剑麻经营以前是"条块分割，分散经营，各自为政，各自独立，信息不灵，技术落后，产品质量差，销售受到限制"。组织联营公司后，相关单位"平等互利，共享利益，共担亏损，形成拳头，统一对外，共同富裕，共同发展，产品由滞销变畅销，销量逐年增加，经营越搞越活……促进了剑麻生产的发展"。像剑麻产品联营公司的这种联合组织，其他多种热带作物可借鉴，如能组成企业集团，像澄迈县对咖啡的经营，集团可做到规模更大，更有竞争力。企业集团还可以建立自己的信息网络，在全国各地（包括我国港澳台地区）和国外设立办事机构，大力开拓市场。中国11亿人口的市场，理应由国产热带作物产品去占领。

第三，依靠科技进步，提高产品质量，开发新产品。当今世界的竞争，归根到底是科技竞争，我国热带作物产品缺乏竞争力，主要是由于有些产品质量不高。例如，国产咖啡品质本属上乘，在国外深受好评，但由于我国加工质量不高，品种单一，制品仍然占领不了市场，导致进口咖啡从原料（咖啡豆）到制品充斥全国各地。前文所提到的天然椰汁，是新产品开发成功的例子。如果以椰子果作为商品，同国外产品相比，显然缺乏竞争力。但是，天然椰汁就不同了，不仅可以畅销全国，并可走向世界。"雀巢"和"麦氏"咖啡，都不是生产于咖啡出产国，能够畅销于世界是由于它改变了传统的加工技术，制品品种多，满足消费者各种口味需求，且具有饮用方便等特点，是科技开发带来的效益。因此，我们必须依靠科技进步，不断提高热带作物生产的产量，降低产品成本，改进提高产品质量，开发新的名优产品，开拓市场，使我国热带作物产业在商品经济发展中，立于不败之地。过去几十年我们在热带北缘地区成功地建立起天然橡胶生产基地，是科学技术上的突破，今后依靠科技进步也必将在振兴热带作物产业中取得新的突破。

加强科技创新，开拓我国天然橡胶发展的新里程

——巴西橡胶引进中国 100 周年[①]

2004 年是巴西橡胶引进中国 100 周年，也是最初为发展我国天然橡胶而创办的华南热带作物科学研究所（中国热带农业科学院的前身）建立 50 周年。这个时候来讨论我国天然橡胶的新发展、新里程是有意义的。

一、我国天然橡胶发展的历史、成就与认识

巴西橡胶树最早是由云南干崖土司刀安仁先生于 1904 年从新加坡引进到云南盈江新城。以后又有爱国华侨从马来西亚等地多次引进到海南、广东徐闻与茂名，以及云南西双版纳。但中华人民共和国成立前仅海南有少量种植，其他地区都没有发展。中华人民共和国成立时全国橡胶树种植面积 2800 公顷，年产干胶 199 吨。这些先驱者开创了在中国种植巴西橡胶树的先河，为后来的发展提供了依据和种源。

天然橡胶在我国大规模发展，是在中华人民共和国成立后，为了维护国家的独立、主权和民族的尊严，粉碎经济封锁，在特

---

① 本文为 2005 年 4 月中国热带作物学会第七次全国代表大会的论文，为梁荫东和郝秉中合作撰写。

殊环境下开始的。经过半个世纪几代人的不懈努力与艰苦奋斗，在热带北缘北纬 24°范围内大规模种植橡胶树成功，取得巨大成就。到 2003 年种植面积达到 660.8 千公顷，年产干胶 56.5 万吨，均居世界第五位。天然橡胶事业的发展，为国防安全、经济建设提供了急需的战略物资和人民生活用品；为发展边疆地区经济，保障社会进步与稳定，增进民族团结作出了重要贡献；为资源利用、环境保护、经济与生态协调发展和农民脱贫致富开辟了广阔前景。同时探索出具有特色的天然橡胶生产技术，丰富了世界天然橡胶科技的内容，在国际上赢得了声誉。

我国天然橡胶的发展走过了艰辛的历程，这个历程也是我们对橡胶树习性和种植地区环境不断深化认识的过程。我们最初是在有橡胶树生存的地方发展橡胶产业，在经受挫折后才认识到有橡胶树生存的地方不一定可以大规模生产，因而提出了依山靠林、划分宜植地、选择环境和改造环境等措施。但是，橡胶树生长起来了也不一定能高产，于是通过不断总结生产经验和科学研究，进而提出了选用良种、病虫草害综合治理、改革割胶制度和制胶工艺，以及"管、养、割"综合丰产等措施，从提高了橡胶产量。随着市场经济的发展和进口橡胶的大量涌进，仅有高产还不够，还必须降低成本、提高效益，方能在市场经济中立于不败之地。为此，20 世纪 80 年代以后，生产上不断地进行产业结构、作物布局的调整，淘汰灾害重、抗灾能力弱、产量低的种植基地。从中我们汲取了两点基本认识：一是要按照客观规律办事，不能仅凭主观愿望和需求；二是要尊重科学，重视科学技术，相信科技对生产的促进作用。

二、天然橡胶生产与消费需求形势

我国天然橡胶业，在经过产业结构和生产布局不断调整后，橡胶生产逐渐集中到环境条件更好的地区，基础更扎实更稳妥了。2003年我国橡胶生产情况如表1所示。

表1　2003年我国天然橡胶生产情况

区域	种植面积（万公顷）		割胶面积（万公顷）		干胶产量（万吨）		平均单产（吨/公顷）	
	合计	地方	合计	地方	合计	地方	合计	地方
全国	66.08	25.65	43.55	13.45	56.50	16.99	1.30	1.26
海南	37.98	13.12	28.16	8.23	31.60	8.51	1.12	1.03
云南	24.23	12.17	12.30	4.93	22.34	8.26	1.82	1.68
广东	3.38	0.33	2.75	0.26	2.45	0.21	0.89	0.82
广西	0.45		0.32		0.11		0.34	
福建	0.04		0.02		0.005		0.25	

注：合计包括农垦和地方。

从20世纪80年代以来，在国营企业进行产业结构调整时，民营橡胶迅速发展起来，特别是在云南和海南，民营企业橡胶树种植面积现已分别达到各地区的50%和37%。目前的问题一方面是生产发展不平衡，有的地区产量水平很高，如云南西双版纳，达到国际先进水平，而且在继续增长。但是，全国平均水平还比较低，低于印度、泰国等国，居世界第五位，主要原因是部分地区橡胶园生产力低，单产水平不高，特别是民营橡胶园产量较低，质量也较差，这也说明还有生产潜力。另一方面是国营企业生产成本（主要是间接成本）高，所以无论国营或民营都在市场上缺乏竞争力。

国际上天然橡胶的生产格局也在发生深刻变化。曾经是天然橡胶头号生产王国的马来西亚，从20世纪90年代开始就不断缩减橡胶生产，其产量从世界首位退居世界第四位。印度尼西亚、泰国也在进行调整，部分改种油棕或可可。2002年印度尼西亚、泰国、马来西亚这3个天然胶生产大国，成立了三边橡胶组织（ITRO），采取联合行动，自我保护，减少橡胶生产量，减少出口，提高橡胶价格。有的国家（如马来西亚）还发展加工业，甚至进口橡胶原料。

这些都将对天然橡胶的国际市场产生重大影响。近年来马来西亚产量已有所回升。菲律宾、印度等国则还在继续发展，特别是越南发展迅速，大有赶上我国之势。越南劳动力比较充裕，所以发展橡胶的优势很大。

迄今为止，橡胶（含合成胶）仍然是国家安全、经济建设和人民生活不可缺少的物资，仍具有重要战略意义。我国经济正在高速发展，特别是汽车工业的发展对橡胶的需求量迅速增加，今后对橡胶的需求量会越来越大，2001年，我国已是世界上最大的天然胶消费国，年消费量121万吨，自产约50万吨，还需进口约70万吨，即60%，据国际橡胶研究组织（International Rubber Study Group）资料，按人口平均，目前我国人均橡胶消费量只有2.4公斤，低于欧洲（5.4公斤）、北美洲（10.7公斤）和日本（14.1公斤）。从1960年开始，中国对橡胶的消费量年增长率平均8.0%，超过全球平均增长率（3.4%）的两倍多。所以今后的需求量还会不断增加。该组织预测，到2020年中国对橡胶的需求量将达到1000万吨，其中天然橡胶需要400万吨。那时世界天然橡胶的需求量是1150万吨，产量估计800万~900万吨，尚有约300万吨缺口。因此，我国将面临天然橡胶短缺的威胁。1994年，美国国际观察研究所所长莱斯特·布朗曾提出"谁来养活中国",现在我国天然橡胶的供应可能出现类似的问题,即谁来供应中国天然橡胶?中国专家预测的需求量虽然比这个数字小很多,但绝对数仍然很大。由此可见,按照我国对天然橡胶的消费,国内生产远不能满足需求,还需要从国外进口。

三、依靠科技进步,充分利用好宜胶资源,不断提高天然橡胶生产水平

我国是天然胶生产国,更是消费大国。解决我国天然胶的需求,需要采取多条途径,把我国天然橡胶的来源建立在牢固的基础上。

(一)合理利用宜胶土地资源,充分发挥其效益

满足我国天然橡胶的需求,首先必须发展国内天然橡胶生产。我国适宜种植橡胶树的土地资源有限,所以必须利用好、保护好,充分发挥其效益。橡胶是我国热带地区的支柱产业,虽然面临严峻挑战,但其在满足社会需求、产生经济效益、提供就业机会、帮助农民脱贫致富和维护生态环境等方面的作用,都是其他作物难以替代的。所以对现有适宜植胶的土地都应尽可能地用于种植橡胶树。

(二)深化国营橡胶企业改革,加速高新技术的开发应用

我国国营橡胶企业生产成本高主要是间接成本,直接成本并不太高。所以正在进行的经营管理体制改革是十分必要的。通过深化改革减轻企业社会负担,使企业轻装上阵,适应市场大潮,

同时，加强科技尤其是高新技术的开发应用，建设新一代橡胶园，不断提高橡胶园的产量和效益，提高其抗灾能力，增强市场竞争力，使橡胶生产达到一个新水平。

（三）加强民营橡胶园科技培训和技术推广，迅速提高民营橡胶的科技含量

海南和云南是我国最主要的橡胶生产基地，目前这两处的民营橡胶比重很大，企业分散，投入少，管理差，割胶制度、割胶技术以及加工工艺都比较落后，产品质量差。虽然其成本低，但生产水平也低，宝贵资源没有被充分有效地利用。所以，必须加强培训，提高其素质，使他们掌握种胶、割胶、制胶等科学技术，使橡胶高产技术和科研成果在民营橡胶园中有效地推广应用，不断提高民营橡胶园的生产水平。

（四）开拓海外天然橡胶生产基地，加强对外经济合作

到热带地区和国家建立天然橡胶基地，是我们今后取得天然橡胶原料的一条有效途径。经济全球化是当今人类社会发展的重要特征之一，农业同样在加快国际化发展，一些发达国家也到国外建设农业生产基地。我国有自己的热带地区，是世界上所有发达国家所没有的。我国天然胶生产规模和科学技术在国际上受到重视，具有广泛的影响。所以我们到热带地区投资建立天然橡胶基地，或同他们合作生产天然橡胶具有有利的条件。近年来已有企业进行探索，在一些劳动力紧缺的地区，还可同时进行劳务输出。

（五）加强科技创新，是实现多条天然橡胶生产途径的重要保证

党的十六大报告指出，"创新是一个民族进步的灵魂，是一个

国家兴旺发达的不竭动力"。而科技创新更是经济发展的重要因素。我国天然橡胶业无论是国内生产,还是到海外建立生产基地,都要以科学技术作为支撑,尤其是以高新技术作为后盾。回顾天然橡胶发展历史,几乎每一次大发展,都和关键技术的突破与应用有关。硫化法的发明,扫除了天然橡胶工业应用的障碍;随后汽胎发明,汽车问世,这才使橡胶作为一个产业迅速发展起来;连续化割胶法的发明,使橡胶树得以正常生产;乙烯利在橡胶上的应用,不仅大幅度提高了产量,而且带来了割胶制度的革新。橡胶用量最大的是轮胎工业,占橡胶用量的70%。合成橡胶问世后几乎代替了天然橡胶,天然橡胶只占27%。20世纪70年代子午轮胎出现,给天然橡胶带来了新的契机。由于子午轮胎的特殊性能,需要使用天然橡胶,子午轮胎中天然橡胶用量提高到63%。反之,重大科技问题不能解决也会影响橡胶的发展。20世纪30年代,美国企图在南美洲建立天然橡胶基地,以与英国、荷兰等国在东南亚的橡胶业抗衡。1934年,福特和固特异公司先后分别在巴西、巴拿马和哥斯达黎加购置大量土地,建立了规模庞大的橡胶园。起初橡胶树生长很好,到连片成林后受到南美叶疫病的连续为害,使橡胶树完全失去了经济价值。这两个公司不得不放弃原来的企图。凡此种种说明科学技术对生产的重要作用,也充分证明邓小平同志关于科学技术是第一生产力的英明论断。

  反思我们的研究,虽然取得不少成果,有的具有世界先进水平,但是创新不多,特别是原始创新很少。对已取得领先的项目,未能及时跟踪深入扩展和开发应用。我们研究出世界上第一株橡胶花药组培苗,但是后来在转基因技术研究和新种植材料的开发方面进展缓慢。相比之下,马来西亚橡胶研究院(也就是现在的马来西亚橡胶局)在新品种培育和新技术开发方面一直抓得很紧,他们的转基因技术已走在前面。马来西亚20世纪90年代就开始缩小橡胶树种植面积,但他们的研究丝毫未放松,在此期间培养出橡胶与木材兼优的新品种,我们不能不承认在这方面与马来西亚的差距。科学技术上的创新,需要有敏锐的洞察力,善于捕捉机遇,还要有锲而不舍、坚持不懈的精神,这也许正是我们需要进一步提高的地方。亡羊补牢,犹未为晚,我们应通过加强科技创新,提高天然橡胶的生产水平。

四、加强科学研究,开拓橡胶树种植业发展的新途径、新领域

(一)橡胶树作为生产天然胶的来源还有很大的潜力

过去人们改良橡胶树的主要目标一直是增加橡胶的产量,以橡胶树种植业为基础的天然橡胶工业对全球的发展作出了巨大贡献。将来,天然橡胶作为可再生资源会继续发展。橡胶树种植业会在更多热带地区发展,橡胶树产胶潜力将会被继续发掘。据估计,橡胶树生理学的最大产量是每公顷7000~12000公斤橡胶,是当前橡胶树产量的5倍左右。

(二)橡胶树的乳管系统正在被改造成生物反应器,其前景不可限量

利用分子生物学技术把橡胶树的乳管系统改造成为生产蛋白质或其他化合物的生物反应器的设想是非常诱人的。设想的橡胶树乳管系统生物反应器与其他植物生物反应器比较可能有许多优点,其中最重要的是产物容易收获和提纯。转基因产物在胶乳中,通过采胶和胶乳离心即可获得粗提产物。马来西亚橡胶局已经通

过转基因技术实现在乳管中产生人血白蛋白和一种牙病病原细菌的抗体片段。虽然这些研究还未达到实用阶段，但已显示出很好的前景。可以设想，橡胶树乳管系统生物反应器如果研制成功，可能发展成为全新的产业，其经济价值不可限量。

（三）橡胶树作为可再生环保能源，可与北美杨树媲美

橡胶树提供木材和改良环境的作用日益受到重视。这方面我们可以参考目前世界科学家对北美杨树的研究动向。2002年在南非举行的可持续发展世界首脑会议上，可再生能源成为备受关注的议题。在呼吁大力推广使用风能和太阳能的同时，科学家开始把目光转向能够快速生长的北美杨树。英国南普敦大学植物环境实验室的研究人员认为，用树木代替传统燃料的优点是：它是可再生的，同时又是环保的（能够减少二氧化碳的排放）。2002年在瑞典举行了两个国际会议，即国际杨树会议和杨树功能基因组座谈会，有23个国家的200名科学家参加。美国能源部科学办公室在2002年年初也宣布了对北美黑杨基因组测序计划，这是第一个树木基因组测序计划。与北美杨树比较，巴西橡胶树同样是一种可再生的环保能源。

（四）橡胶树应作为重大研究课题列入国家中长期研究计划

根据上述讨论，橡胶树乳管系统生物反应器和橡胶树作为可再生环保能源的开发如果能够实现，将会影响包括中国热带地区在内的世界热带地区的经济发展。这方面的研究具有重大社会经济意义，已超出天然橡胶生产的范围。因此，我们建议将其列入国家中长期研究计划，组织力量进行研究。

五、面向世界，建设具有国际先进水平的热带农业科教中心

中国热带农业科学院最初是为发展我国橡胶业而创办的，1954年成立于广州，至2004年正好是50周年。研究院1958年从广州下迁海南，与同时创办的华南热带作物学院一起，为我国热带作物事业培养人才，研究生产中的科学技术问题，随着我国以橡胶为主的热带作物产业的发展而不断发展。以橡胶为主的热带作物产业面临的严峻形势，也给热带农业院校提出了新的课题。随着科教体制改革深化，大学已改由农业部和海南省双重领导，中国热带农业科学院也分流出开发性研究机构走企业化道路，保留5所非营利公益研究所，正面临着新的抉择。

在新的形势下热带农业院校如何发展，朝什么方向发展，是摆在我们面前的重大课题。笔者认为，立足海南，服务热区，面向世界，建设具有国际先进水平的热带农业科教中心，是热带农业院校今后发展的必由之路。

（一）热带农业院校肩负着为我国热带作物产业提供人才与科技服务的任务

在我国以橡胶为主的热带作物产业发展中，院校在培养人才、提供科技服务方面作出过历史贡献。今后在新一代现代化橡胶园建设、到海外建立天然橡胶生产基地、提供科技成果和人才培养等方面，仍负有重要使命。热带农业院校在我国热区仍然是一支重要的科教力量，但热带农业院校的科研教学尤其是科技工作方向、重点应进行调整或扩展，以适应新形势、新任务。一是从主要

注重产量增长扩展到注重整体效益的提高；二是从为大田生产服务为主扩展到生产加工和生态协调发展服务并重，特别要加强加工和综合利用；三是从资源开发技术为主扩展到资源开发技术与市场开拓技术相结合；四是从面向国内市场提供服务扩展到面向国内国际两个市场提供服务。

（二）在中国与发展中国家的科教交流中，热带农业院校占有不可替代的位置

世界热带地区有86个国家和地区，发展中国家90%以上都在热带地区，拥有丰富的热带资源和优越的气候条件，曾经长期是列强掠夺的对象。第二次世界大战以后，这些国家纷纷独立，发达国家仍然对其不断投资合作，以取得所需要的物资。这些发达国家自己没有热带土地，但仍在热带地区或自己的国土上建立热带作物和热带农业科研机构，投入相当多的人力、物力进行研究工作，其目的是能够更好地利用丰富的热带资源，生产本国所需要的物资。我国有自己的热带地区，创办了为热带作物业服务的热带农业院校，这是我国的有利条件。我国热带农业院校的科研、高等教育有较好的基础，相比世界广大热带地区具有一定的优势，特别是一些潜在优势会随着我国综合国力不断增强而显现出来。我们与热带国家的学术交流合作也比较早。

（三）热带农业院校具有自己的特色，在全国农业科教整体布局中不可缺少

热带农业院校长期坚持在生产中心，实行科学研究与高等教育相结合方针，在全国少有。经过50年来几代人艰苦奋斗，在上级主管部门的支持帮助下，现已具有相当规模，学科基本配套，为今后的发展打下了良好基础。

我国是农业大国，国土面积居世界第三位，从南到北地跨热带、亚热带、温带，有着丰富的农业资源，特别是热带、亚热带地区，资源丰富，气候条件优越。虽然土地面积不大，只占全国土地的5%，但地域跨度大，从东到西跨越8个省区，覆盖约1.7亿人口。从国家对农业科研、高等教育的整体局面考虑，热带农业院校是不可缺少的。

（四）进一步深化改革，加强热带农业院校物质和精神文明建设

热带农业院校要面向世界，必须加强中央有关部门对院校的领导与管理，加大投资力度，改善科教设施，加强环境和精神文明建设，创造条件，吸引人才，面向热带国家和地区招生和开展研究。把热带农业院校建设成为设备精良、环境优美、学术风气浓厚、面向世界、具有国际先进水平又有社会主义特色的科学研究和高等教育中心，为热带地区资源开发利用、促进区域间的经济技术合作交流作出贡献。

农业产业化，农村城市化，农民知识化

——海南农业现代化之路[①]

农业、农村和农民（简称"三农"）问题，是我国社会主义现代化建设和发展的根本问题。海南是以"三农"为主体的社会经济结构。正如《中共中央关于农业和农村若干重大问题的决定》中所指出的，没有农民的小康，就没有全国人民的小康，没有农业的现代化，就没有全国人民的现代化。全国是这样，海南尤其如此。在跨入新世纪之际，把"三农"问题作为一个整体来探讨，提出"农业产业化，农村城市化，农民知识化"作为热带农业现代化的目标和方向，是很必要而适时的，这也是经济发展、社会进步的必然结果。作为全国唯一包括广大农村、农业人口占78%的省级经济特区，海南理应率先实现上述目标，走在全国前面。探索路子，积累经验，提供借鉴，这是特区建设的历史任务。

一、海南热带农业体制发展的历史特点和现状

海南农业发展从生产经营体制上经历了计划经济下的农业单干户、互助组、生产合作社，直到人民公社。改革开放后，实行家庭联产承包责任制，继而出现各类专业户、多种形式的产业化经营和农业企业。在生产结构上，也经历了以粮为纲、主要发展橡

---

① 本文为农业经济专业委员会2000年年会论文。

胶等少数几种作物的单一结构，进而以粮食为基础、糖蔗等各种热带作物实行多种经营，到大力发展热带果树、反季节瓜菜，林牧渔业全面发展，形成具有特色的热带高效农业。从自给半自给的自然经济向开放性商品农业转变，逐渐形成区域化、规模化生产，从传统农业向现代农业发展。根据海南统计年鉴的资料，从海南种植业发展过程中可以看出以下特点。

（一）海南农业起点低，但发展比较快，在国民经济中一直占主导地位

海南原有经济基础薄弱，农业生产落后，水平很低。但中华人民共和国成立之后农业发展比较快，1952—1998年农业总产值平均年增长6.5%，远高于全国3.4%的平均水平。建省创办经济特区之后发展更快，1988—1998年农业总产值平均年增长9.2%。建省之前的1987年，海南农业产值在工农业总产值中占65.7%，1998年仍占50.5%，1990年在国民收入中农业收入占60.0%。而1980年全国工农业总产值中农业产值只占30.8%，农业收入只占国民收入的39.1%。这一现象一方面说明海南原有经济基础薄弱，工业不发达，另一方面也反映了农业在海南经济中的地位。

（二）粮油作物稳步增长，橡胶发展很快，增长幅度大

海南粮食作物1998年同1952年相比播种面积虽只扩大9.2%，产量却从56.9万吨增加到230.1万吨，增加了3倍多，单产水平大幅提高。同期油料作物面积从17.8万亩增加到83.8万亩，产量从0.83万吨增加到9.5万吨，分别增加了3.7倍和10.8倍。

橡胶发展迅速。橡胶树种植面积从中华人民共和国成立初期的4.20万亩发展到1998年的556.6万亩。橡胶产量从年产不足

200吨提高到28.0万吨。橡胶成为海南省最大的产业，为我国工农业建设作出了巨大的贡献。

（三）改革开放加速了特色热带高效农业的兴起

海南优越的气候条件适合种植多种作物，特别是热带经济作物。但改革开放之前，多种经济作物发展缓慢，只有少量种植，不成规模。党的十一届三中全会以后，特别是建省创办经济特区后，多种热带作物、热带果树、糖蔗、反季节瓜菜以及林牧渔业都迅速发展起来，并逐渐形成区域化、规模化生产，建立了商品生产基地，开始了多种形式的产业化经营，在有关省（区、市）建立了销售渠道，开辟了订单农业。糖蔗、热带果树、反季节瓜菜等已发展成为海南的支柱产业。农产品的产量和质量都有明显提高，满足了国内外市场的需要，增加了农民的收入，加速了海南农村的经济发展。

（四）热带经济作物在发展中经历了多次波动

海南热带农业在生产过程中，除粮油作物一直保持比较稳步发展外，其他多种经济作物大都经历了多次波动，改革开放之前如此，近十几年来也同样出现过，其中既包括海南最大的产业橡胶，也包括多种热带作物，如胡椒、咖啡、腰果、香茅、热带水果、糖蔗等。究其原因，除发展初期对热带作物（含橡胶）习性和环境特点认识不清造成外，主要是不能适应市场变化的形势，销售渠道不畅通。粮油作物发展比较稳定是因为它主要是自给性生产，其他作物则多属商品生产，对市场的依赖性很大。改革开放之前，除橡胶完全由国家统销外，其他热带作物生产主要是提供外贸出口，受国际贸易左右，使生产不稳定。市场经济发展起来以后，由于对市场适应能力差，经受不住市场的波动，加上营销渠道、交通运输及其他社会服务体系方面的问题，使热带作物产品时而紧缺，时而积压，造成生产的波动。

二、热带农业生产发展所面临的挑战与问题

海南热带农业要保持持续稳定地发展，走上新台阶，还面临着不可忽视的问题。

（一）热带农产品面临激烈竞争，自然灾害重

海南热带农产品面临着国内和国外两方面的竞争。南亚热带水果在国内南方几省区均有种植，有的省区较海南生产规模更大。有的水果所要求的气候条件，在广东、广西和福建更为有利，而且广东、广西和福建占有交通运输方便的优势。我国各地兴起的温室大棚蔬菜，对海南反季节瓜菜形成了有力的竞争。除此以外，还有进口产品的竞争，尤其在加入世界贸易组织（WTO）后这种竞争更为严峻。

热带农产品是生活物体，易腐烂、变质、不耐贮藏；夏秋季有台风灾害，冬季有低温侵袭，风、寒、旱灾不断，造成生产损失。所以热带农业生产除承担了非农产业的风险（如政策风险、市场风险等）之外，还有许多自然灾害的风险。

（二）资源利用不充分，生产水平不高

海南热带农业资源国内少有，十分宝贵，既要合理开发利用，更要珍惜保护。从现实情况看，资源利用尚不充分，各种作物的单产水平远比全国平均水平低，省内平均水平与先进水平相差很

大。粮食如此，糖蔗、热带水果也都是这样。以杧果来说，海南气候条件比我国台湾优越，但海南杧果平均单产与台湾相差甚远，说明资源利用率不高，生产潜力还很大。因此，必须从土地利用上科学规划，合理布局，按照作物习性和不同地区的气候特点发展最适宜的（也是市场所需要的）种类。真正形成区域化、专业化、规模化生产，提高资源利用的效益。

（三）农业基础设施不配套，生产条件有待进一步改善

这里所说的农业基础设施，是指农业生产过程中所必须投入的物质和社会条件的总和。包括产前、产中、产后各个环节中所使用的农业生产公共要素的总和。海南农业机械化程度、机械动力、水利设施及灌溉面积都低于全国平均水平，科技成果的转化率和应用率也达不到全国平均水平。有的地区耕作粗放，特别是少数民族地区，还停留在手工、畜力操作阶段。海南得天独厚的气候条件，使反季节瓜菜享誉全国，但高温多雨的夏季，反而成为蔬菜生产的淡季。因此，必须加大农业投资力度，配套基础设施，进一步改善生产条件，提高机械化程度，加强水利设施建设，提高抵御自然灾害的能力。加强以科技服务为中心的社会服务体系建设，大力推广科技成果，提高热带农产品的科技含量。提高劳动生产率，降低成本，增强市场竞争力，充分、有效地发挥海南的资源优势和生产潜力，使广大农村真正富裕起来。

三、加强"三农"建设，推进热带农业现代化

海南虽是省级特区，但规模不大，全省 733.31 万人口，又是一个四面环海的岛屿。所以，海南包括农业在内的国民经济建设

和发展,都应该立足于现在,着眼于长远,加强"三农"建设,把农业产业化、农村城市化、农民知识化作为农业现代化建设的目标。

(一)产业化是热带农业发展的现实选择

海南热带农业在小规模、分散经营的条件下,扩大再生产能力差,既难以抵御自然灾害,又经受不住市场的激剧波动,所以,走产业化经营的发展道路是现实的选择。党的十五届三中全会指出,农村出现的产业化经营,不动摇家庭经营的基础,不侵犯农民的财产权益,能够有效地解决千家万户的农民进入市场、运用现代科学和扩大经营规模等问题,提高农业经济效益和市场化程度,是我国农业逐步走向现代化的现实途径之一。由此可见,产业化经营,通过龙头企业的牵引,在较大的范围内,将生产、加工、流通联结起来,把一家一户的分散经营纳入一条龙的生产体系,将分散独立的许多生产过程融入社会生产的总过程,以发挥整体效应和规模效应,使农产品在加工、流通各个环节中得到增值,使生产者在生产、经营一系列过程中增加收益,提高他们的收入水平,真正走向共同富裕的道路,使热带高效农业健康、稳步发展。

(二)农村城市化是农业现代化发展的必然结果

农村城市化,既不是把农村变成城市,也不是将农民和农村人口都迁移到城市,而是根据我国特别是海南的实际情况,主要发展小城镇,使农村的生产、生活城市化。城市化是工业发展的趋向,也是农村经济发展和社会进步的标志。党的十五届三中全会决定,把发展小城镇作为带动农村经济发展的一项重大政策措施。小城镇的建设与发展，同产业化是互为依托、相互促进的。产业化必将使热带农业生产进一步走向区域化、规模化、专业化，从而带来第二、第三产业的发展，带来农业劳动力向第二、第三产业转移。小城镇是发展第二、第三产业的载体，是农业劳动力转移的重要依托，是农产品聚散的渠道，是农村物资流通的中心，是传播新思想、科学、文化及推广新技术的场所。这是海南发展热带高效农业必不可少的条件。海南不仅需要发展小城镇，而且有比较便利的条件。海南经过多年的建设与发展，有的乡镇及国营农场场部，已有一定的规模和基础。海南又是旅游省份，小城镇的建设还可与旅游景点相结合，以市、县城区为中心，在现有乡镇、场部的基础上，把旅游建设、农产品商品基地建设结合起来，进行统一规划，合理布局，有计划有步骤地加强小城镇建设。鼓励农民向小城镇转移，发展文化、教育、科技、卫生等社会事业，建设住房以及提高人们生活质量的各项设施，逐步缩小城乡差别，实现城乡一体化。

（三）农民知识化是农业现代化必备的基本条件

农业现代化就是用现代工业和现代科学技术武装农业，用现代科学方法管理农业，提高劳动生产率，提高土地产出率，提高经济、社会、生态等综合效益。而要做到这些，就必须提高劳动者的素质，提高他们的文化水平。海南的自然条件得天独厚，只要勤劳一般都会衣食无忧。正因为如此，我们不能停留在大自然的恩赐上，应该充分利用优越的自然条件，创造更多的财富。从海南的现实情况来看，农民文化程度比较低，小学文化程度和文盲所占比例超过54%，平均1000名劳动力中，农民技术人员只有11人，这种状况难以适应现代农业的要求，所以，提高劳动者的素质十分重要。一方面,要求劳动者转变观念,增强市场意识,使他们从自给自足的自然经济中解脱出来,面向现代化,奔小康,走富裕之路;另一方面,要用科学技术武装他们,只有劳动者掌握了现代先进的农业科学技术,科学技术才能有效地转化成生产力。外来者包括各地农民都可来到海南利用优越的资源条件致富,我们理应更好地利用海南的自然资源,取得更好的效果。所以,应着力加强对农民的培训,帮助他们提高文化水平、普及科学知识、培养经营管理能力、适应市场经济、应用科学技术,使他们成为社会主义现代化建设的新型农民。

对海南岛开发现状的评价及大农业建设的意见[①]

世界热带地区正在加速开发土地资源，以发展经济，改善人民生活。一些国际组织也积极参与热带地区的开发事业，给予财力、物力和技术援助。这些开发活动取得了巨大的经济效果，同时也在某些地方出现了问题，从而在世界范围内引起了广泛的关注。海南岛的情况也是这样。近年来，生态、林业、植物、农学、地理和热带作物各界以及有关部门针对海南岛的开发利用和生态平衡问题进行了讨论，聚焦于如何正确认识和评价热带地区土地开发活动及其得失利弊这一重要议题。世界银行林业顾问 J. S. Spears（1980）在总结世界银行援助的哥伦比亚、肯尼亚、马来西亚、菲律宾和印度尼西亚 5 个国家农林牧开发项目的经验时，认为除经济效益外，开发是否有助于稳定农村社会并停止刀耕火种，是否保留部分森林和营造人工林，耕作方式是否有助于维护土壤肥力，是评价一个地区开发成败的标准。用这三条标准衡量，他认为，除哥伦比亚的一个开发草原发展畜牧业的计划受到挫折外，肯尼亚（造林和开垦森林地种茶业）、马来西亚（开垦热带雨林种植橡胶和油棕）、菲律宾（在刀耕火种撂荒地经营农林业、生产纸浆材）和印度尼西亚（移民垦荒）的开发都是成功的。海南岛有自己的实际情况，自然条件和社会制度跟上述地区都有不同，

---

① 本文成稿于 1982 年 5 月，由梁荫东、莫善文、符之汉合作撰写。

但同样可应用经济和生态的标准予以综合评价。

一、实事求是地全面评价海南岛的开发现状

海南岛的开发涉及多个部门与多个项目。1952年大规模垦荒种植橡胶树;1956年前后开发坝王岭、吊罗山及尖峰岭等林区,继而建立岛东林场和岛西林场,大面积营造人工林;1958—1960年,大面积发展椰子、油棕、香茅等多种热带作物;20世纪60—70年代大面积发展甘蔗、腰果等。这些以土地利用为对象的开发活动,使多年来荒无人迹的瘴疠之地为社会创造了财富,提供了大量产品,改变了海南岛的面貌。到1980年,全岛共种植橡胶树344万亩,各种热带作物70万亩,人工造林311万亩,累计为国家提供干胶约70万吨,木材340万立方米,椰子约6亿个,剑麻干纤维63万担①,胡椒16.5万担,以及大宗蔗糖、香茅油、茶叶、咖啡等产品。1980年全岛工农业总产值17亿多元,其中农业产值占60%,比1952年增长3.3倍;粮食总产量23亿多斤,比1952年增长1.1倍;油料总产量和牲畜存栏量都相应增加了两倍以上。据不完全统计,中华人民共和国成立以来全岛向国家提交的工农业产品总值为国家对海南岛总投资的两倍多。随着这些开发活动,特别是热带作物事业的发展,为国家提供了重要的工业原料和人民生活的必需产品,为几十万人提供了就业机会,创办了热带作物高等教育事业,建立了专业科研机构,促进了交通运输、文化教育、卫生医疗事业的发展,为社会主义建设、繁荣经济作出了贡献。应该说,30余年来海南岛开发的经济效益是十分明显的。目前海南岛农民的生活水平比较低,经济收入不高,1980

---

① 1担=50千克,全书同。

年全岛农民现金分配平均每人只有70元，比全省的平均值105元约低30%。对这一状况应作客观的分析。正如有的文章所指出的，有"以粮为纲""单一经营"方针的影响，也有体制和经济政策上的问题，而这类问题带有一定的普遍性，在其他地区也有类似的情况存在。难以想象，如果没有这些开发活动，海南贫穷落后的状况如何能得到根本的改善。

J. S. Spears所提的第二、第三条标准，也就是近年来学术界所广泛讨论的生态平衡问题。一般认为，一个地区的气候变化，主要受大气环流的影响。开发活动对小气候的影响虽然存在，但目前无论是国外热带地区还是海南岛，都缺乏开垦前后长期、系统的气象观测资料，争论所依据的大多是个别的、偶然的甚至是很不准确的事例，很难作出确切的定量分析，因此，还有赖于今后的研究。

海南岛在中华人民共和国成立初期原有天然林1295万亩，其中原生林323万亩，次生林847万亩，灌木林125万亩。30余年来共砍伐了462万亩，其中属于开发利用的约298万亩（农垦砍伐约280万亩，林业部门砍伐约18万亩），破坏性地消耗164万亩（毁林开荒、乱砍滥伐134万亩，火灾毁林30万亩）。全岛现存天然林、再加上人工林（包括橡胶树等木本热带作物和竹林）1200多万亩。同原有林地面积相比，现有森林覆盖率并未降低。当然，不能完全以森林覆盖率的大小来衡量一个地区的生态平衡，而且包括橡胶树在内的一切人工林的生态效应也不能完全代替天然林特别是原生林，但也不能由此得出结论，一开发天然林就必然导致生态平衡失调。任何开发活动都会引起生态因子及其相互关系的变化。在海南岛的开发过程中，砍伐了一部分天然林，会引起局部地区小环境的变化，甚至可能在一定时期内产生不良的影响。

但是，这几百万亩天然林是经过约 30 年逐步地、分散在海南岛不同地区砍伐的，就全岛来说平均每年砍伐约 20 万亩，而且逐步地又种植了包括橡胶树在内的几乎是相等面积的人工林，这在一定程度上必然起了补偿作用。生态因子的变化，不一定都是恶化，也有向好的方面转化。在包括橡胶在内的几百万亩人工林中，有相当一部分是在原来的草原上种植、营造起来的。有将近 1/3 的农场开垦前的植被大部分是草原、灌木草地或稀树草原，经过营造防护林进行改造以后，逐步形成了具有适宜橡胶树栽培的森林环境，橡胶产业才发展起来。这也说明，这类地区的开发活动引起生态因子向好的方向转化。

至于开发活动对土壤肥力的影响，乃是热带地区土地利用的一个重要问题。如何采取有效措施，防止天然植被开垦后可能引起的水土流失和地力衰退，也是海南岛开发过程中应重视的问题。30 年来无论是开垦种植橡胶树等热带作物，还是人工造林等活动，对土壤肥力的影响如何，目前还缺乏定位观测的系统资料，需要进一步调查研究、综合分析才能得出确切的结论。一般来说，由于热带气候高温、多暴雨等特点，天然植被遭到砍伐破坏后，土壤被冲刷、侵蚀的现象是存在的。海南岛的开发过程中，开荒造田、甘蔗"上山"、开垦植胶或木材生产的皆伐迹地，都出现过这种现象。但在经受了挫折之后，各方面都在总结经验，采取措施，不断改进。例如，森林主伐改为择伐作业，盲目开荒造田、甘蔗"上山"基本停止。特别是在种植橡胶树过程中，通过生产实践和科学研究不断地摸索、总结出防止土壤被冲刷、恢复地力、培肥改土等一系列措施。从修筑等高梯田、环山行等工程措施，到死物覆盖、种植豆科覆盖作物等措施，逐步形成橡胶园的"四化"建设。近年来又研究提出橡胶—茶叶、橡胶—胡椒间作等多层人工生态系统的栽培结构，对防止水土流失，维护和恢复地力都起了良好的作用。经营多年生热带作物，在热带地区普遍被认为是把经济效应和生态效果结合起来的开发利用土地资源较好的途径。

总之，无论从经济效益还是生态效应来考察，海南岛的开发都是成功的。虽然经济不发达的状况未得到根本改变，但开发的经济效果是很明显的。全岛种植橡胶树面积占全国的56%，产量占70%，成为我国最大的天然橡胶生产基地。到目前为止还没有证据表明海南岛的生态平衡失调，全岛的气候也并未呈现恶化的趋势。局部地区的生态环境有恶化的，也有优化的。引起恶化的原因也各有不同，应该区别对待，因地制宜，对症下药，采取措施予以解决。

二、客观地评价农垦在开发海南岛中的作用

在海南岛的开发过程中，农垦部门占有重要的地位。无论开发的规模或所作的贡献都占有很大的比例。在全岛已砍伐的天然林中，农垦占280万亩，主要是次生林，同时，种植了橡胶树270万亩，种植防护林和热带木本作物等84万亩。农垦系统的干胶产量占全岛的90%。1980年海南的工农业总产值中，农垦占1/3，其中农业总产值占50%。30年来农垦为国家提供橡胶64万吨，还有一定数量的其他热带作物产品。上缴给国家的利润除归还国家全部投资外，纯利润达10亿元以上。同时，为包括1/3当地农民在内的42万人创造了就业机会。为地方提供了经济、人力、物力上的支援，对促进地方经济的繁荣、生产的发展、文化交通事业的进步起了积极的作用。农垦所取得的成绩和对国家的贡献是巨大的。这是在各级党委领导下，几十万名农垦职工和数千名科技

人员，和海南各族人民一道几十年如一日艰苦奋斗的结果。农垦发展的规模大，经济发展比地方快，这是中央大力支持橡胶事业发展的结果。对此我们应从历史的角度进行分析，不能离开当时的历史条件。

众所周知，我国橡胶事业的发展开始于中华人民共和国成立初期。当时新中国刚刚成立，百废待兴，中共中央决定在海南岛建设我国天然橡胶生产基地。在周恩来总理、陈云同志、叶剑英同志的主持下，国家投入了巨大的财力、物力和人力。转业一个师的部队，并从全国各地高等农林院校中分配来大批毕业生，组成了一支农垦大军，与海南各族人民一道艰苦创业，建立了一批以种植橡胶树为主的国营农场，从而使我国橡胶事业发展到如今的规模。

橡胶树原产于巴西亚马孙河流域，长期生长在热带雨林的环境里，形成了喜高温、湿润、静风和沃土的习性。在热带北缘，有台风、寒流和干旱威胁的海南岛，在缺乏经验，并且交通运输、物资供给十分困难的条件下种植橡胶树，其艰难的程度是可以想见的。如果没有国家的支持，没有一支专门的队伍和比较强的科学技术力量，要发展和保持这样规模的事业是很困难的。正是依靠这样一支包括专业科研机构在内的专门队伍，我们不仅把橡胶树种到了国外橡胶栽培专家曾经认为不能植胶的北纬17°以北地区，而且根据我国热带地区自然条件，逐步研究总结出具有自己特色的栽培技术措施，把开发利用和维护生态平衡较好地结合起来。为用高生产力的人工生态系统替代低生产力的天然生态系统，合理地利用海南岛的热带土地资源，发展橡胶和多种热带作物积累了经验、提供了科学依据。当然，在农垦橡胶事业的发展中，遭受过挫折，付出了代价，也有过失误。其实，橡胶树"种两亩存留一亩、种三株存留一株"这样的代价和挫折,在省内外都出现过。在海南岛的开发过程中,其他方面也都不同程度、不同形式地出现过问题。例如,初期林业生产采取皆伐作业,迹地更新只占原生林采伐面积的15%,木材生产量只占可出材量的42%;热带作物在20世纪60年代初期也曾发展到相当大的面积,油棕、椰子都发展到几十万亩,同一时期以及70年代,有关部门也曾投资发展某些热带作物,甘蔗也曾发展到80多万亩,都没有收到预期的效果。可见发展一个事业是很不容易的,遭受一些挫折也不奇怪。就海南岛来说,究其原因,有对自然条件和热带作物生长习性认识欠缺和经验不足的问题,更有其他方面的干扰。应该实事求是地用历史的观点总结经验,吸取教训,作为今后的借鉴。

三、辩证地分析海南岛的自然条件,建设大农业

1. 开发和保护是并行不悖的

人类要发展,社会要进步,就要开发利用自然资源。从某种意义来说,人类历史发展的过程,也是不断开发利用自然资源的过程。评价海南岛的开发现状,总结开发过程中的经验教训,为的是更好地开发利用海南岛的热带资源。30年的实践证明,把开发利用和维护生态平衡结合起来,在开发过程中逐步建立生产力更高而又不破坏环境的生态系统是能够实现的。随着科学技术的发展,这种结合会越来越好,水平会越来越高。把自然资源的开发利用与生态平衡对立起来,不符合发展的规律,也不符合客观实际。

海南岛土地面积5086万亩,现已开发利用约3000万亩,尚余约2000万亩未开发。除天然林不到700万亩外,还有1000余万亩

的荒山、荒地。利用这些土地，充分发挥海南岛的优势，生产其他地区不能生产而又为国家现代化建设和人民生活所必需的产品，繁荣经济，改善人民生活，这不仅是社会主义建设的需要，也是海南人民的迫切愿望。凭借海南岛的自然条件，能够为社会创造更多的财富。

1980年7月，国务院就海南岛建设问题召开了座谈会，并批转了座谈会纪要，即国发〔1980〕202号文件，文件指出："应以加速发展橡胶等热带作物为重点，大力营造热带林木，努力提高粮食产量，使国营农场企业和农村社队共同富裕起来。"这个方针体现了海南岛30年开发的经验，反映了海南岛当前的现状和海南人民的要求，是符合海南岛的实际的。这是开发海南岛、改变海南岛面貌的思想基础。现在就是要像文件所指出的，按照这个方针，因地制宜，合理安排橡胶等热带作物、粮食、林业、畜牧业和其他各业的布局。

2. 因地制宜，合理布局，各得其所

海南岛地处热带北缘，跟我国内陆地区和台湾地区比较，自然条件具有光照充足、多雨、高温的特点，适于种植其他地区不能种植的多种热带作物。但是跟典型的热带地区比较，海南岛热带气候则明显暴露出其脆弱的一面，突出的表现是，岛内相当部分地区不少年份会出现为害热带作物的低温（在典型热带地区是没有的），台风比较频繁（多数热带国家没有）。海南岛受本身地形的影响，自然条件相当复杂。岛东、岛西和中部无论是温度还是降水量都有明显的差异，干旱期和台风的影响也有很大不同。所以，原产于赤道附近的多种热带作物和热带林木，引种到海南岛以后并非随处都可生长，更无法全部做到速生丰产，这在30年的实践中已有不少经验教训。例如橡胶，在海南岛的不同地区其产量差异很大。我国橡胶栽培面积居世界第四位，总产量居世界第六位，但平均亩产只居世界第十位。印度植胶面积不到我国的60%（354万亩），产量比我国高20%（15.5万吨）。我国橡胶栽培管理的水平和割胶技术都具有国外先进水平，世界天然橡胶产量最大、技术水平最高的马来西亚，其种植与原产业部部长1980年来我国参观访问，看了海南岛的橡胶园后承认中国橡胶园管理水平是先进的，割胶技术是第一流的。按照我们的管理和割胶水平，产量还应该可以提高，但目前赶不上世界先进水平，一个很重要的原因就是台风和寒潮。其他一些热带作物如油棕，既怕风，又怕寒，要求土壤肥沃，海南岛适宜种植的地方较少。而椰子却比较抗风，滨海沙地都可种植，发展的潜力很大。腰果既抗旱，又比较耐瘠。因此，按照自然条件和作物习性严格选择立地环境，合理安排好各种热带作物的布局，是十分重要而且必须首先进行的工作。近两年来开展的农业区划，已经打下了基础，应在此基础上统一规划，认真落实。以往做过不少海南岛的热带作物资源考察，也提出过规划的意见。但是，由于各个部门只按照本部门的需要安排，各行其是，以致出现一方面土地不够分配，另一方面大片荒山荒地弃之不用的状况。对国家急需、其他地区不能种植、在海南岛发展最为有利的一些作物没有认真发展，而另一些可以在其他地区发展、甚至比在海南岛种植更高产的作物又在海南占据了大面积土地。改变这种状况最根本的办法，就是对土地资源的利用实行统一规划、统一管理，做到因地制宜、地尽其利。

3. 多种途径发展生产

热带作物的发展要有统一的规划。当前农垦部门提出橡胶生产要巩固提高、逐步发展，这是十分必要的。应该通过多种途径，因地制宜地种植热带作物，发展生产。"一业为主，多种经营"的方针已经提出了很久，但没有得到切实贯彻。至今除橡胶树外，其他热带作物生产面积很少。这种状况既不符合经济发展的要求，也不适应海南岛自然环境多样的特点，其重要原因之一是包括价格机制在内的某些政策不合理。如椰子是一种比较高产的油料作物，按目前海南岛生产的水平，亩产果300~400个，折油30~40公斤，比花生的平均亩产油量高2~3倍。如果加强管理，换种优良品种，其产量还可成倍增加。椰子可以种植在沿海沙滩、河谷两岸，以及村庄"五边"地，不与其他作物争地，但长期以来没有得到应有的发展，目前仅有17万亩，而且大多数管理不善。如果按照区划，全岛种植椰子150万亩，不仅完全可以保证全岛人民的食油需求，还可以供销支援外地。再如腰果，是有名的热带干果。腰果仁是国际市场上少数几种不过剩的农产品之一，价格长期稳定。我国从20世纪70年代初以来，一直在进口腰果加工。在海南岛的西部和西南部有大面积荒地，由于气候干旱，有的地方土壤贫瘠，种植其他作物不很适合，可以充分利用来发展腰果的生产，改变进口腰果的局面，争取大宗出口腰果仁，换取外汇。

  根据巩固提高、逐步发展的要求，当前橡胶的生产，应着重于提高单产水平，把橡胶生产的成本降下来。长期以来，由于国家对橡胶的需求，给予了特殊的价格政策。随着国民经济的发展与对外开放，这种照顾政策是否还应维持，值得研究。因此，在近期内应以总结生产经验、推广科技成果、提高管理水平为主，同时加快更新步伐。特别是应加速好环境下低产橡胶园的更新，使提高单产有可靠的保证。严重风害地区应注意多种经营，逐步试行、推广包括多种经济林木的防护林结构在内的橡胶—茶叶、橡胶—胡椒或其他配置的多层栽培结构，最充分地利用海南岛的光热条件和土地资源，提高单位土地的生产价值。

4. 国营民营齐头并进，共同富裕

发展橡胶等热带作物，是发挥海南岛的优势使农民尽快富裕起来的正确道路。这在过去已有实例。儋县（今儋州市）石屋大队、文昌县（今文昌市）迈号公社后花生产队就是分别通过发展橡胶和胡椒富裕起来的。农民发展热带作物，既增加了收入，又促进了农业生产。因此，国家应大力帮助和指导民营橡胶和其他热带作物的生产，使国营和民营同时发展，共同富裕。这也是社会主义建设新时期的要求。过去民营橡胶发展很少，由于技术力量不足、资金缺乏，已经种植的橡胶树产胶质量差、产量低。1980年全岛民营橡胶园72万多亩，年产橡胶约8000吨，占全岛植胶面积的21%，产量的11%；平均亩产只有35公斤，株产1.2公斤，分别为国营橡胶的72%和50%。这不利于充分利用我国热带有限的宝贵土地。今后国家应更多地在技术上予以指导，财力上给以支持。农垦部门过去曾从利润中划拨一部分支援地方，但大多没有用于发展橡胶、热带作物生产，对改变农村经济没有起到应有的作用。外贸部门曾投资支持发展可供出口的热带作物产品，也由于缺乏具体指导，没有收到应有的效果。因此，如何帮助民营橡胶、热带作物发展，需要总结经验，研究有效的办法。在这方面东南亚有些国家发展橡胶的经验可以借鉴，他们的做法是由国家提供资金（或贷款）、良种和技术。种植者按照政府规定的技术要求和进度种植橡胶树，保证了产品质量，收到了预期的效果。民营橡胶发展起来对国营农场改善经营管理、降低成本也会起到促进作用。

5. 利用冬季优势大规模发展果蔬

海南岛的粮食产量水平低，至今不能完全自给，这是限制海南岛热带作物事业发展的重要因素之一。1980年全岛粮食平均亩产 267 斤，为广东省粮食平均亩产 484 斤的 55%，但也有粮食亩产千斤以上的生产队，可见增产潜力还很大。海南岛的气候条件对粮食生产也有不利的一面（春季的低温，夏季的台风），应扬长避短、趋利避害，从提高土壤肥力、改革耕作制度、扩大水利灌溉等方面提高单位面积产量。

海南岛冬季气候温和，又无台风影响，是一个天然的大温室，这是海南岛的大优势。如何利用这一优势大有文章可做。如用一部分基本农田在冬季种植一季蔬菜和冬令果品，可为国内大城市提供大量反季节瓜菜，这种事例在海南岛是有的，但数量太少。例如，文昌、东方的农民就有冬季种西瓜并在春节上市的习惯；乐东冲坡生产队生产的洋葱在春节前后供应市场；1982 年春节，海南岛试种从泰国引种的玉米试销我国香港。从这些事例来看，这一设想不是不可行的，不但能增加农民收入，而且也是"以短养长、长短结合"开发海南的措施之一。

现代化农业生产，要求摆脱小农经济自给自足的自然状态。不论是热带作物、果蔬以及其他农林牧渔业的生产，也不论是国营、民营或个体联营等哪一种方式，都应该是区域化、社会化的生产。海南岛应该利用自己的优势，有计划、有目标地生产一些具有自己特色且既是国内需要、又在国际市场上有竞争能力的大宗商品，并把相应的加工业、商业及有关服务行业协调发展起来。这是尽快使地区经济繁荣、人民富裕的有效途径。

6. 多种途径维护生态平衡

无论从哪个意义上说，林业都是很重要的。维护生态平衡、发展橡胶等热带作物、开展农业生产以及提高人民生活水平都离不开林业。现在的问题是海南岛的森林砍伐多，种植少，供需失调。应统一规划水源涵养林、胶园防护林、沿海防风固沙林、用材林、薪炭林的营造以及森林保护,从投资、政策等各个方面充分调动积极性,长期努力,维护生态平衡。海南岛的林业,今后仍须担负起满足国计民生对林副产品的需求和维护生态平衡的双重任务。片面强调某一个方面都是不切实际的,也是行不通的。尽快营造速生树种的薪炭林和用材林,满足民生之急需,才能减少天然林受破坏的压力,保护森林才能落实。

国内外的经验都已证明维护生态平衡是通过多种途径来实现的。保护森林是一个重要方面,但绝不是唯一的途径。维护海南岛生态平衡,应同时注意城镇区、港口、工矿、渔场、水库、河流、道路、居民点等各方面的净化、绿化、美化。各种作物的栽培都要采取适宜的农业技术措施,务必使地力不衰退,小环境不恶化,乃至逐步建立各种良性循环的人工生态系统。只要尊重科学、运用科学、努力工作,人和大自然是可以和谐相处的。

依靠科技进步提高海南
热带作物生产水平[①]

农业是国民经济的基础，热带作物是海南农业的重要组成部分，也是海南农业的重要特色。海南创办全国最大的经济特区，建立市场经济体制，没有包括热带作物在内的农业现代化，没有农业生产力的高度发展，就不可能有坚实的基础。

一、热带作物产业在海南经济发展中地位的再认识

热带作物产业是公认的海南优势产业。经30多年的发展，现已有一定的规模，尤其是近几年来有了更迅速的发展。到1987年已种植橡胶树521万亩，年产干胶约16万吨，成为我国天然橡胶的主要生产基地。其他热带作物椰子、咖啡、胡椒、腰果、油棕、剑麻、南药、热带香料和果树等共100多万亩，为国家和社会提供了多种产品。海南是我国最大的一块热带宝地，土地面积5086万亩。依据农业区划，可以发展热带作物的土地1200万亩，现已种植的面积不到60%。除橡胶的生产在全国占有相当重要的位置外，其他热带作物无论是产品对市场的供给，还是其产值在海南经济中的地位，尚未得到应有的发挥，致使热带作物产业在海南经济中，特别是在创办经济大特区中的地位和作用受到怀疑。据最近

[①] 本文为1988年院庆期间热带农业发展战略与前景学术讨论会论文。

报载，有些同志认为自然资源的开发与特区经济建设"不合拍"，海南进行了30余年的资源开发直到现在还未完全"脱贫"，等等。这种观点具有一定的代表性，人们看重"无工不富"和"无商不活"，把商贸作为经济发展的捷径。"无农不稳"则往往被忽视。因此，对热带作物产业在海南经济发展中的地位仍有再认识的必要。

橡胶等热带作物产品是关系到国计民生的重要产品，目前的生产远不能满足社会主义建设和人民生活的需要。随着社会主义事业的发展和人民生活水平的提高，对它们的需求将会越来越大。海南作为全国面积最大的热带宝地，具有优越的气候条件，是发展热带作物生产的主要基地，对我国经济建设和满足国内市场需求具有不可代替的地位。

热带作物是海南发展具有自己特色的加工业、食品工业的原料，是相当多的乡镇企业赖以生存和发展的物质基础。同其他经济特区相比，海南有605万人口，其中80%在农村。目前农村生产水平低，经济比较落后，商品生产不发达，尚有90多万人口没有脱贫。热带作物和一般农业生产不同，它的交换价值高，商品率高。其产值和经济效益远非一般农作物可比拟。发展热带作物是广大农村致富的道路，也是海南建设特区积累资金的一条重要途径。世界许多热带国家和地区，莫不利用其优越的气候条件，种植热带作物，并且在近二三十年来，通过更换良种、扩大种植、更新种植园，使产量成倍增加。如马来西亚天然橡胶的产量1963年为83.1万吨，到1976年达到164万吨，13年翻一番；其棕油产量1974年为103万吨，1985年达413.3万吨，11年翻两番；可可产量1974年为1万吨，1985年达到10.5万吨，10年增加了10倍。印度尼西亚1977年棕油产量50.2万吨，1985年达到113.3万吨，

8年翻一番。菲律宾的椰子1951年产量418.2万吨,1962年达到964.1万吨,10年翻一番。巴西1950年咖啡产量105.9万吨,1959年219.1万吨,10年翻一番;其可可产量1971年为21.9万吨,1985年达到42.0万吨,15年翻一番。哥伦比亚的咖啡1974年产量47万吨,1982年达到86.1万吨,8年增加83%。热带作物产业成为这些国家的经济支柱。

热带作物作为一个产业,它的资源是取之不尽、用之不竭的。随着科学技术的发展,它的利用率会越来越高,效益也会越来越高。而且热带作物的投资少,只要规划好,收效也很快。

据统计资料,在"六五"初期海南工农业总产值中农业总产值占比约60%,热带作物产值在农业总产值中占比约50%。近几年来,热带作物又有很大发展,在农业中的比例还会提高。随着经济的发展,农业产值在工农业总产值中会逐渐下降。1980—1986年海南的工农业总产值提高了1倍,而农业产值的比重一直保持在60%,这显然是热带作物发展的结果。这也说明海南的热带作物资源还有很大的潜力。根据有关的研究预测,到20世纪末,海南热带作物的面积可达到1000多万亩,以1980年为基数,其产值可增加6~7倍,热带作物在海南的经济中仍将占有重要位置。这仅是初产品的产值,如经过加工和综合利用,其产值还将成倍增加。

由此可见,发展热带作物不仅是海南经济的需要,也是我国社会主义建设中的一项任务,既是海南的经济来源,也是社会主义有计划的商品经济的组成部分。

二、从热带作物发展的历史看科学技术进步的重要性

热带作物在海南经济发展中的地位是毋庸置疑的,且已有了

一定的基础。现在的任务是提高其生产水平,增强其经济地位,真正把资源优势变成产品优势、经济优势。

同农业一样,影响热带作物生产力发展的因素是多方面的。有方针政策、物质投入、气候条件、经营管理、生产者的素质和科学技术水平等。其中科学技术则是生产力发展中最活跃的因素,其他因素如环境条件的利用与改造、经营管理的改善、生产者素质的提高等都和科技进步有关。所以,热带作物生产水平的提高在很大程度上取决于科学技术的进步。

我国热带作物业的发展和科技进步是密切联系并相互促进的,尤其是橡胶产业的发展。

巴西橡胶树从1904年引入我国,在中华人民共和国成立之前将近50年的历史中,仅种植了4.2万亩,年产干胶不过200吨。其他热带作物只少数种类有零星种植,几乎没有产品生产。热带作物的科学技术则基本是空白。中华人民共和国成立后不久,在百业待兴之际,中共中央决定在华南地区大力发展天然橡胶产业,成立了生产机构,组织了大批农林高等院校的师生和科技人员进行橡胶树宜林地的考察、勘测和规划,在大规模发展生产的同时,广泛开展了科学研究。在生产发展中,曾经有过几次大的起落。最初,为了尽快取得国家工业和国防建设所急需的橡胶原料,在对橡胶树的习性缺乏认识、对我国植胶区自然环境没有深入了解的情况下,根据"先内陆后海南,先草原后森林"的方针,在湛江、广西和海南北部草原地区,大面积、高速度地种植橡胶树,致使生产受到严重损失。其他热带作物如油棕和腰果的生产,在20世纪60年代前后也有类似的失误。胡椒曾因瘟病的为害遭到毁灭性打击。这些挫折尽管具体原因各异,但都有一个共同的根本原因,就是违背了自然规律,不够重视发挥科学技术的指导作用。

广大科技工作者和生产者经过长期深入实际，结合生产开展科学试验，进行调查研究，总结生产经验，从挫折中吸取经验教训，取得了丰富、系统的科技成果，同时，也学习了国外的先进科学技术，使我国橡胶等热带作物走上了稳步发展的道路，逐步形成了我国包括初产品加工在内的橡胶栽培学。成功地在北纬18°~24°地区建立了我国橡胶生产基地。打破了国外认为在北纬17°以北不能植胶的传统观念，使我国从原来几乎没有橡胶生产变成植胶面积和产量均跃居世界前列的国家。

典型的热带地区具有温度高而稳定、降水量充沛而均衡、风少而小、土壤肥沃等优越气候条件和自然环境，我国热带与亚热带地区地处热带北缘季风带，有台风、低温、干旱和部分地区土壤贫瘠等不利因素，对橡胶树的种植有不良影响。我国大面积植胶成功的科学技术，是从当地的气候条件、自然环境出发，结合对橡胶生物学习性的深入观察和研究所取得的成果，具有我国的特色，丰富和深化了橡胶栽培学科的内容。其他热带作物，由于生产规模小，对它们的研究在深度和广度上虽都不如橡胶，但是已取得的成果和成熟的技术，也具有一定的水平和特色，在不同程度上填补了科学技术的空白。

随着农业科学技术的迅速发展，科学技术对农业生产的推动作用也越来越大。一些发达国家的资料表明，在20世纪初农业生产率提高的因素仅有不到20%是依靠新技术，到目前已达到60%~80%。近半个世纪来，美国以科技为主要动力，购买性投入增加1.6倍，农业劳动力投入减少4/5，农业总产量增加了1倍以上。据中国农业科学院的研究，我国在1972—1980年农业总产值的27%是靠农业科技进步，"六五"期间达到30%~40%。

我国以橡胶为主的热带作物科学技术发展的历史虽然不长，

但已取得了数百项科研成果，其中获得国家和省部级奖励的成果，据不完全的统计有100多项。某些方面的研究具有国际先进水平，对我国橡胶等热带作物生产的促进作用也越来越大。多年来推广应用科技成果的事实表明，热带作物科技成果的增产效果是十分显著的。如橡胶的丰产栽培综合措施，使橡胶亩产达到200公斤，创造了世界先进水平，在生产上大面积示范推广增产30%以上；乙烯利刺激割胶技术1976年开始在海南和湛江地区推广应用后，年增产干胶5000吨，增加产值3000多万元；胡椒的丰产栽培技术使胡椒从亩产不到50公斤提高到250公斤左右；龙舌兰麻杂种H.11648于1963年引进，经试种在全国推广后，不仅提高了纤维的质量，还通过改进栽培技术、研究丰产措施，使纤维的产量从原来亩产30~50公斤，提高到亩产100公斤以上，1987年全国平均亩产165公斤，硬质纤维的产量完全能满足国家的需要。

科技进步对海南的热带作物生产来说更有着特殊的意义。

首先，海南岛土地资源有限，可开发用于生产热带作物的土地约3500万亩，即使全部用来发展热带作物也不能满足需要。靠外延（扩大面积）扩大生产是有限的。从长远的观点考虑，只能靠内涵来扩大生产，即主要靠科技提高单位面积产量，增加热带作物产品，提高经济效益。

其次，海南地处热带北缘，同典型热带地区相比，有台风、寒潮和干旱等不利因素，需要依靠科技成果的应用改造环境，趋利避害，创造适合热带作物生产的环境，以减少和防范这些不利因素对热带作物生产的危害，提高抗灾能力，保证生产的顺利发展。

最后，海南创办经济特区，实行市场经济，为保持热带作物产品的优势地位和在市场的竞争能力,就必须要有严格的技术标准,确保产品的质量。这需要不断提供新的科技成果作为后盾。当今世界上的产品竞争,实质上是科学技术的竞争,热带作物业也不能例外。

三、加强热带作物科学研究,进一步发挥科技进步对生产的促进作用

我国热带作物业发展的历史充分证明,在合理开发利用土地资源、提高橡胶等热带作物产量水平、增强抗灾能力、防治病虫草害、改革加工工艺、提高工效、开展综合利用、开发新产品等方面,科技进步都发挥了巨大的作用。但也应看到,目前热带作物生产的水平不高,特别是民营生产的技术落后,产量低。科技成果的应用不广泛,热带作物资源的开发也不充分。因此,必须采取有效措施,充分利用经济特区的有利条件,放宽政策,有效激励科研机构和科研人员加强热带作物科学研究,增强其面向经济建设的活力,进一步发挥科技进步的作用,把热带作物生产和科学技术提高到一个新的水平。

海南的热带作物生产现已有一定的规模,而且尚有数百万亩宜植地可进一步发展。一方面,要通过建立示范基地、培养专业户、实行技术承包等多种方式推广应用现有技术和科研成果,提高生产水平。另一方面,要讲求质量,稳步发展,把适宜热带作物生产的土地充分利用起来,通过建立良种繁殖基地,提供优良品种的种苗,建立高质量的种植园,充分发挥土地的生产潜力。同时,加强技术培训,提高劳动者的素质,使他们能够掌握并运用科学技术,以发挥科技进步的作用。

热带作物种植要和产品加工相结合,这是提高热带作物产值、增加经济效益的重要保证。热带作物大多是深加工和综合利用的良好原料,橡胶、椰子、剑麻等不仅把原料加工为制品后产值会成倍增加,综合利用范围也很宽广。如椰子,目前产值很低,一个椰果最高价格也不过1元,但经过加工后其产值可达到6.25元,增加了5倍以上。因此,以种植业为基础,发展产品加工业,以加工促进种植,面向市场,使种植—加工—销售形成一条龙,在经济上相互依存,真正成为农工商一体的产业。

加强科学研究,不断提高我国热带作物科技水平,是进一步发挥科技进步作用的前提。

根据海南热带作物产业的发展和市场经济新形势,热带作物科研要进一步面向经济建设,面向市场,加强产前产后的研究,加速资源优势转变为商品优势,为热带作物原料转变为深加工商品并实现增值而不断提供新成果。同时,重视新技术(主要是生物技术)的应用,开发名优热带作物产品。

开辟经费渠道,提高科研投资。目前国家对农业科研单位实行事业费包干,由于经费水平低,仅够维持人员的费用,科研工作经常处于"饥饿"状态,影响研究的深入开展。虽然实行了成果有偿转让,但在农业上收效甚微。农业科研出成果周期长,保密性差,自然扩散强,尽管它的社会经济效益很高,但商品价值很低。加上农业科技成果在应用中受到气候条件、自然环境等因素的影响,效益估算的难度大。同时,农业科技成果的使用者多是农民或家庭农场,所以科研单位很难从成果或技术转让中取得经费来源。

世界上许多国家为了加强农业科研投资,除了政府拨款外,还通过对各种农产品征收科研附加税,反馈到科研机构作为科研经费。美国佛罗里达州规定征收农产品税，每出售1箱柑橘收取0.1美元研究推广税，光这一项全州每年征收的款项就达2000万美元，作为柑橘科研与成果推广专款。世界上最大的橡胶生产和出口国马来西亚，政府规定每出口1磅橡胶征收科研税0.02林吉特作为科研基金，其中一大半拨给马来西亚橡胶研究院。所以该院一直经费充足，实力雄厚，橡胶的科学技术多方面都处在世界前列。泰国出口橡胶，菲律宾出口椰子，巴西出口咖啡和可可均征收科研附加税，用于支持科学研究。因此，科研人员十分关心科研成果的推广应用，关心产品的销售出口。因为生产、销售和出口越多，科研经费也就越多，科研人员的待遇也就越高，从而促进了科技事业的发展，形成了科研、生产与销售紧密结合、相互促进、共同发展的良性循环。

作为经济特区，海南完全可以借鉴国外的办法，从热带作物产品销售中提取一定比例的科技经费，用于科研和推广，这样既可以解决科研单位的部分经费来源，更重要的是增强了科研机构和科技人员从事经济建设的活力。

扶持科研单位创办经济实体。实践表明，农业科研单位光靠成果转让、技术入股难以取得充足的经费，只有通过创办经济实体将成果转化为新产品推向社会，才是获得经济收益、增强自我发展能力的有效途径。这也是当今世界新技术革命引起的以科技为向导，科、工（农）、贸相结合的经济发展新趋势。但是，根据目前科研单位的条件，创办经济实体也有很大困难，国家在政策和投资上必须给予支持和帮助。否则，靠科研单位像企业一样向银行贷款开办经济实体，也难以摆脱现实的经济困难。

放活科技人员，进一步调动科技人员的积极性。热带作物科研单位长期扎根在生产中心，远离城镇，工作和生活条件都比较艰苦，国家关于放活科技人员的许多政策均难以在此兑现。海南应利用经济特区的有利条件，结合实际制定自己的政策，既要吸引外来的人才，又要充分发挥现有人才的作用，以加速热带作物科技事业的发展。

发展农业科技产业,加速海南热带农业现代化[①]

中共第十五届中央委员会第三次全体会议通过的《中共中央关于农业和农村工作若干重大问题的决定》中指出:"没有农村的稳定,就没有全国的稳定,没有农民的小康,就没有全国人民的小康,没有农业的现代化,就没有整个国民经济的现代化。"全国是这样,海南尤其如此。海南是全国唯一一个包括广大农村、农业人口占78%的省级经济特区,又是全国唯一全省处在热带地区的省份。热带农业在海南占有特殊的地位,在全国也有不可替代的位置。没有热带农业的发展,就谈不上海南经济的发展。所以,加速产业化进程,实现热带农业现代化,是特区建设的历史任务,也是海南经济发展的重要途径。

一、热带高效农业的兴起及其面临的问题

经建省以来的大力发展,海南农业已发生了根本性变化,改变了长期以来以粮食为基础、主要发展橡胶的单一结构,多种热带作物和农林牧副渔全面发展,并已从传统农业向市场经济转变。近几年来,更加大了农业投资力度,加强了基础设施建设,加速了产业化进程,生产结构日趋优化。热带水果、反季节瓜菜迅速

[①] 本文首次发布于1999年在杭州举办的全国科协首届学术年会。

发展，已逐步形成区域化、规模化生产。各种农产品产量和质量大幅度提高，农民收入显著增加，具有特色的热带高效农业正在兴起。

但是，要使海南热带农业持续稳定地发展，在市场大潮中占有一席之地，还必须解决一些不容忽视的问题。

（一）增强产品竞争力和抗风险能力

海南热带农产品面临着国内和国外两方面的竞争。现有规模生产的水果，主要是南亚热带类型，南方几省区均有生产，有的省区生产规模更大；有的水果所要求的气温条件，在广东、广西和福建更为有利，而且广东、广西和福建占有交通运输的优势；我国各地兴起的温室大棚蔬菜，与海南反季节瓜菜形成市场竞争。海南在国内占有优势的热带作物产品，则有进口产品与之竞争，尤其在加入世界贸易组织后，这种竞争更为严峻。我们在气候条件上同国外存在一定差距，需要付出更大的努力才能取得与他们同等的竞争水平。

（二）提高资源的利用率和经济效益

海南热带农业资源在国内少有，十分宝贵，既要合理开发利用，更要珍惜和保护，以保持热带高效农业的持续发展，不断地提高其经济效益。为此，必须从土地利用、作物分布上科学规划，合理布局；按照作物习性和各地区气候特点发展最适宜的（市场需要的）种类；真正形成区域化、规模化生产，提高资源利用的效益；不能各种作物都遍地开花。海南的实践已表明，有的水果在某些地区有的年份丰收，在另一些地区或更多的年份少收甚至无收，资源优势没有有效地发挥。虽然经过多年的实践之后，近年来已开始逐步向区域化发展,但如何以科学为依据有效利用热带资源仍是一个重要问题。

(三) 提高生产者的科学文化水平

海南确实有得天独厚的自然条件,正因为如此,我们不能停留在大自然的恩赐上,应该充分利用优越的自然条件,创造更多的财富,所以提高生产者的素质,即广大农民的科学文化水平显得特别重要。提高素质包括两个方面。一方面是转变观念,增强市场意识,从自给自足的自然经济中解脱出来,面向现代化,奔小康,走富裕之路。另一方面是用科学技术武装头脑,只有生产劳动者掌握了先进的科学技术,科学技术才能有效地转化成为现实生产力。海南光温条件好,生产潜力大,而实际生产力比较低,粮食单产低于全国平均水平,糖蔗单产也比我国其他地区低。海南是全国良种繁育基地,却很少有自己的良种,自己生产用的良种、苗木还需从外地引进。凡此种种,说明包括使农民知识化在内的科学技术工作亟待加强。

二、农业生产的特点要求产业化经营

我国农业生产存在分散和规模小的问题,导致抗风险能力弱、市场竞争力不强。产业化经营是近几年来的发展趋势,这也是海南热带农业现代化必由之路。农业生产同工业及其他非农产业有很大不同,具体如下。

一是农业受自然环境制约,风险大。农业生产的对象是生物体,同自然环境、气候条件关系密切,生产要求空间广,需要的土地面积大,受自然环境和土地的制约十分明显。不同作物对气候、土质的要求不同。由于年度间气候的变化造成农产品生产的波动很大，使农业生产与非农产业相比承担了较大的自然风险。

二是农业生产过程长，出产品的时间短而集中。农业生产中的种植业是通过植物光合作用生产人类生活所需要的物质。不同的作物其生长、发育到成熟的过程不同，短者数月，长者数年。再加上农业生产涉及面广，所以农业所需的投资大（尤其是基础设施），周期长，投资回收比较慢。农产品的收获时间相对集中，产量大而且大都是鲜活产品，贮藏、保鲜、包装、加工、运销都有一系列与非农产品不同的问题和困难。

三是农业劳动与生产不同步，专业分工不明显。农业生产过程是按作物生长发育规律进行的，生产劳动是周期性的，既不能提前，也不能跨越，更不能像工业生产那样将各个生产环节分离出来同步进行。它有时需要集中大量劳动力（如抢种抢收阶段），有时所需劳动力很少（如一般管理阶段），以致劳力不足与过剩同时存在，同时，也使得生产工具尤其是大型机械设备利用率很低。农业劳动分工不严，专业化程度不高，所以劳动组织不严密，难以实行有效监督与控制。农业生产对家庭、个体的分散劳动有天然的适应性。

由于农业生产的这些特点，为了适应市场经济规律，提高抵抗风险能力，增强竞争能力，提高生产者的收入水平，走产业化道路是必然的选择。这就是要在比较大的范围内将生产、加工、流通连接起来，从而把处于分散经营的农业纳入一条龙的生产体系，将分散独立的生产过程融为社会生产的总过程，以发挥整体效应和规模效应，使农产品在加工、流通各个环节中得到增值，使生产者在生产、经营过程中增加收益，提高收入水平，真正走向共同富裕的道路。

海南热带农业虽然规模小、地域性强，但其产品商品率高，经济价值高，综合利用潜力大，而且很多产品是重要工业原料。随着经济的发展，市场对热带农业产品的需求越来越多，热带农业产品潜在的市场需求量大，在市场竞争中占有有利地位。

三、发展农业科技产业，加速科技成果的转化

热带农业现代化建设，科技是重要支柱。特别是高新技术的开发应用。目前我国科技成果的转化率和贡献率与发达国家相比还有很大的差距，海南更落后于全国。由于农业具有明显的区域性和分散性特点，科学技术的应用也不同于非农产业。为了适应这一特点，早在20世纪50年代就在全国建立了以种子站、植保站、农机站等为主体的四级农业技术推广网。60年代以及党的十一届三中全会后，农业科研单位和推广部门先后通过创办农业样板田、建立试验示范基地、组织科技服务队、开办科技培训班、技术承包和咨询服务等多种形式推广科技成果。上述措施在不同时期均有力地推动了科技成果的转化，对促进农业生产发挥了重要作用。随着改革开放与市场经济的发展，原来的推广体系不断受到冲击，有的已"线断、网破、人散"，难以为继，有的随形势变化不断变革改组，探索新的路子，适应新的形势变化，发展成为新的农业科技产业。

农业科技产业，是为农业生产提供科技产品服务的产业，在发达国家已成为现代农业的重要组成部分，也是发达国家科技成果转化率高的重要因素。在我国农业科技产业尚不发达。根据我国的实际情况，农业科技产业应是以农业科技为主体，包括为农

业生产全过程（产前、产中、产后）提供科技产品和技术服务的产业。改革开放以来，我国农业在向社会化生产发展的过程中，已涌现出一批专门从事农产品销售、运输、出售种苗等经营的个体。农业科技单位也物化科技成果，生产良种苗木，配合肥料和农药等投放市场，但真正形成产业的不多，且极不规范。发展农业科技产业，对加速科技成果的转化、提高其贡献率，将发挥如下重要作用。

首先，农业科技单位直接与农业生产结合，利用科技成果开发产品进入市场，为生产提供服务，加速了成果的转化，提高了农产品的科技含量。

其次，农业科技单位既可作为龙头企业，带动农户，实行产业化经营，利用自身优势，外联市场，内联农户，根据市场需求引导农户的生产安排；也可以用自己的技术投资入股，参加产业化组织，加速其产品更新换代，增强竞争能力。

再次，促进农业科技体制改革。科研机构正面临着深化改革、根据市场经济规律进行调整的形势。按照中共中央深化科技体制改革的要求，开发类型的机构绝大部分要转型为科技企业或融入企业，发展科技产业是这类机构一条重要途径。

最后，农业科技产业有利于技术创新，促进农业科技人才的合理分布。农业科技人才主要集中在农业科研单位和高等院校，基层生产单位和管理部门科技人才十分短缺，而科研单位研究课题重复、内容雷同的现象正是科技体制改革的重点。因此，现在正是一个良好机遇，将一批科研机构直接转型成为科技企业，成为社会化服务体系的骨干。对原有科技推广单位和为农业生产服务的个体户、专业户，要进行整顿清理，注入科技力量，提高档次，使之逐步完善、规范。

根据热带农业生产的需要，科技产业在培育良种、营养诊断与配方施肥、病虫草害防治、农业机械与设施、农产品贮藏保鲜与加工等方面提供产品和服务，进而研究开发高新技术产品，尤其是生物技术产品和农业信息服务，不断提高产品的产量和质量，提高热带农业现代化水平。

建设生态农业,实现海南热带高效农业可持续发展

可持续发展已成为当今世界发展趋势,农业的可持续发展更是受到各国的普遍关注。农业的发展经历了原始农业、传统农业和现代农业3个阶段。现代农业显著地提高了农产品产量,丰富了人们的食物,大大地提高了农业劳动生产率和农产品商品率,促进了农村现代化发展,缩小了城乡差别,为人类社会进步作出了历史贡献。但是,现代农业建立在以石油为主要能源和化工原料的基础上(又称石油农业),不仅投资大,消耗大,而且会引起土壤侵蚀、地力衰退、生产效益下降、资源枯竭、生态环境恶化等诸多问题。为此,学术界提出了多种农业生产方式,如有机农业、集约农业、持续农业、立体农业、绿色农业、生态农业等。虽然名称不同,各有侧重,但是,基本上都是针对现代农业出现的问题,寻求农业发展的新路。

生态农业是农业发展的一条新途径,它以生态学原理为指导,把合理利用资源和有效保护环境结合起来,实现农业生产的良性循环和可持续发展。所以在20世纪70年代提出后,引起世界各国的重视,在我国也进行了广泛的试点示范。海南省也将热带高效农业向生态农业发展列入了建设生态省的规划,这既符合海南资源环境特点,也是海南经济可持续发展的需要。作为包括广大农村在内的经济特区,建设生态农业,海南理应而且有条件走在全

国的前面。

一、生态农业是海南热带高效农业发展的必然选择

海南是全国热带土地面积最大，而且是唯一全省处在热带地区的省份。海南的社会经济结构又是以"三农"为主体，74%的人口在农村。2000年海南的国内生产总值中，第一产业占38%；在工农业总产值中，农业占54%。农业不仅是国民经济基础，也是海南经济发展的支柱。海南的热带水果、反季节瓜菜和以橡胶为主的热带经济作物产品，享誉全国，有力地支援了社会主义建设，满足了人民生活所需，为海南的经济发展作出了巨大贡献，在全国也有不可替代的位置。但是，海南热带农业要进一步发展跨上新台阶，面临着严峻的挑战。需要在改进产品结构、提高品种档次上下一番工夫，以适应新的形势，增强竞争能力。

首先，海南的农产品，无论热带水果还是反季节瓜菜，在我国南方几个省区均有生产，有的规模更大，有的水果生产所要求的气候条件在广东、广西和福建更为有利，而且广东、广西和福建还占有交通运输方便的有利条件。海南的优势由于品种和生产技术的不断创新正在逐渐缩小；我国各地兴起的温室大棚蔬菜，与海南反季节瓜菜形成竞争。海南反季节瓜菜基本属于常规产品，市场时有起伏波动，有的年份很抢手，销售量大，效益高，有的年份产品积压，价格低廉，使种植者蒙受巨大损失。同时，海南在国内占有优势的热带经济作物（橡胶、胡椒等）产品，正在面临进口产品的挑战，在我国加入世界贸易组织以后形势更不容乐观。海南在气候条件上同典型热带地区相比还存在一定差距，要付出更大的代价才能在竞争中占一席之地。

其次，随着人们生活水平提高，对农产品的质量要求也越来越高。不仅要吃饱、吃好，而且要安全。我国加入世界贸易组织以后，面向国际市场，对农产品质量的要求更为严格。海南农产品，曾经由于个别种植者贪图眼前利益，不合理地使用激素、农药，损害了海南瓜菜、水果在我国市场的声誉，造成不良影响。面对新的形势，今后应对农药、激素的使用进行更严格的管控。

最后，海南丰富的热带农业资源尚未充分有效发挥，潜力很大。海南纬度低，光照时间长，能量丰富，热量高，雨量充沛。作物生长的时间长，生物产量高。但目前海南的实际生产水平却不高。一些主要作物的平均单产比全国平均水平低，同省内先进水平也相差甚远。无论水稻、甘蔗、水果都是如此，即使橡胶也比云南单产水平低。这一现象说明资源优势未充分发挥，生产潜力还很大。海南的气候条件适生的作物多，既可种植国内其他地区不能种植（或生长不好）的典型热带作物，也可以种植亚热带以至温带地区的作物，进行育种和反季节生产，开发利用的途径广，为农林牧副渔各业的发展创造了良好的条件，也为农业生产结构调整提供了广阔空间。

海南的资源开发、经济发展都比较晚，是迄今国内保有良好生态环境的地区之一。海南青山绿水，碧海蓝天，长夏无冬，是绿色食品生产的良好基地，但目前远没有充分发挥，绿色食品无论是品种还是数量都很少。

因此，从海南的资源环境特点和热带高效农业面临问题的现实出发，要充分合理地利用海南丰富的资源。把发展生产与保护环境有机地结合起来，克服石油农业带来的弊端，实现农业生产的良性循环和可持续发展，生态农业是比较理想的选择。

二、运用生态学原理发展农业，实现热带高效农业可持续发展

海南农业生产的构成大致可分为3类。第一类是为满足人民生活所需的粮（水稻）、油（花生）、薯（甘薯）、菜（蔬菜）等作物，基本农田约43万多公顷（1990年），反季节瓜菜约16.5万公顷（2000年）。第二类是热带果树，包括香蕉、菠萝、杧果、荔枝、龙眼等，约14.2万公顷（2000年）。第三类是以橡胶为主的热带经济作物47.2万公顷（2000年），其中橡胶37万公顷。反季节瓜菜、热带水果和以橡胶为主的热带经济作物，是海南种植业的三大支柱。其中，反季节瓜菜和热带水果主要是海南建省后发展起来的，产值高、效益大，除农户种植外，还有公司或个体业主经营。以橡胶为主的热带经济作物长期以来以国营农场经营为主，过去也曾产值较高、效益较好。改革开放后民营热带经济作物也有很大发展，现已具有一定规模。但是，随着市场经济的发展，在大量进口产品的冲击下，有些国营农场陷入了困境。这3种类型的种植业，对土地的利用、栽培方式不同，其生态效果也不一样。其中，基本农田及热带水果的生产，经多年来加强农业基础设施建设、改造环境，基本符合生态农业的条件，但是，有一部分旱地，特别是由坡地开垦的农田，有不同程度的水土流失、地力衰退。以橡胶为主的热带作物种植园，经多年生产实践和科学研究，提出了选择宜林地、营造防护林、坡地修筑梯田或环山行种植橡胶树、橡胶园间种茶树或南药等短期作物、橡胶园行间种植豆科覆盖作物等一系列符合生态要求的栽培措施。应该说，海南生态农业建设已有一定基础。

（一）转变观念，处理好发展经济与保护环境的关系

强调生态环境的治理、改善，是为了可持续发展。海南由于开发较晚，经济相对比较落后，但生态环境较好，可以不走发达国家和发达地区先发展经济、后治理环境的老路，而将经济发展与环境保护有机地结合起来，在发展中保护和改善生态环境，转变长期以来单纯向自然索取而不重视人与自然和谐发展的观念。从海南热带高效农业生产发展的经历来看，一是要注意处理好当前与长远、局部与整体、单项与综合的关系，着眼于长远利益、整体效应和综合效益，防止急功近利的"短期行为""任期行为"。二是要因地制宜，高效率利用自然资源。海南的自然条件优越，适生作物多，但不是每种作物在任何地方都可高产。海南地处热带北缘，其北部、南部与中部山区的气温，东部与西部的降水量，差异都很明显。一定要将作物种植在最适宜的土地上，发挥资源的最大效益。

（二）提倡种植木本作物，发展立体农业

早在 20 世纪 80 年代初关于生态平衡的大讨论中，就有专家提出热带地区要发展木本作物，这是热带地区特点之一。热带雨林是陆地上生物产量最高的生态系统。多年生木本作物适生土地多，抗逆能力强，生产期长，产量的年度波动小，收益较稳定，产值也比较高，有利于保持水土，且可结合农牧业进行综合经营。热带作物和热带水果大多是木本作物，采取多层栽培，建立立体种植形式，是对森林生态的一种模拟，也是集约利用土地的一种生产形式，如橡胶—胡椒（或咖啡）—南药、椰子—咖啡—南药等模式。这些人工模拟森林生态系统，对改善生态环境、增强抗御自

然灾害的能力、提供就业门路等,发挥过很好的作用。1989年在海南召开的"热带亚热带土地合理开发利用国际学术讨论会"上,得到与会各国专家的好评。

(三) 重视庭院经济和农业庄园的发展

近几年来,海南发展起一批以家庭为单位的庄园,很多国营农场也将土地划给个人,实行家庭承包,还有以村为单位的生态村。这种庭院经济或农业庄园,是以院落生态为特征的立体农业经营模式,它既有不同作物的种植,也有畜禽或其他动物饲养,还有微生物发酵制造沼气,产品多种多样,各地实践经验表明其经济效益很高,还为老、弱、病、残人员找到生活出路。只要安排、协调得当,一个庭院经济即可完成自然生态系统的循环过程,成为一个自给自足的功能单元。海南有优越的条件,也有成功的案例,应该提倡庭院经济和农业庄园,并按照生态农业的要求指导其发展。这不仅为农民提供一条致富之路,也可为国营农场经营体制改革提供借鉴。

(四) 大力发展畜牧业、加工业,做到物质循环利用、能量多级转化

畜牧业和加工业在生态农业建设中占有重要地位。通过"种植业—畜牧业—食品加工业"的产业链条,能够实现物质循环与能量转化,并提高经济效益和附加值。海南的畜牧业、加工业在建省以后有很大发展。畜牧业在农业总产值中的比重从建省前的11.6%提高到1998年的20.3%。海南的草场资源很丰富,有发展草食动物的有利条件,应进一步改良草场,提高其载畜量,推动畜牧业的发展。海南建省以来加工业虽有很大发展,但远跟不上

生产发展的需要。特别是农产品加工业滞后于种植业，以致多次出现水果、瓜菜外销受阻导致大量积压时无法处理的困境，造成经济损失，挫伤种植者的积极性。因此，海南必须大力加强加工业（包括保鲜、包装），并以此带动农业的发展。

（五）充分发挥科学技术对生态农业的支撑作用

科学技术是生态农业发展的推动力。生态农业追求的是高效益、无污染、可持续发展，实现社会效益、经济效益、生态效益的统一，科学技术也必须适应这一新的形势。在这方面我们已有一定的基础，已有一些技术在生产上应用，如多层栽培技术、微生物发酵生产沼气技术、病虫草害综合治理技术等。为保障生态农业的顺利发展，在普及推广现有农业生产技术的同时，要特别重视农业生物技术的研究和推广应用，包括培育新品种、研制开发生物肥料与生物农药等。海南的热带气候使得生物循环过程快，有机质分解快，养分容易流失，土壤肥力较低，同时，病虫草害发生多，为害严重。过去主要靠化肥和化学农药保证农业生产，现在建设生态农业，提倡使用生物肥料和生物农药，既保护生态环境，又保障农产品的安全。海南有丰富的生物资源，可用于研发生物肥料和生物农药，在这方面也是大有作为的。

关于生态农业的种植模式，在海南有过不少探索，如稻田种植红萍、养鱼等，早在20世纪70年代就推广过。也曾大力提倡种植园的多层栽培，但推广并不理想。在已有成果的基础上进一步深入研究，必将有力地推动生态农业的发展。

大改革大开放大建设中的海南热带作物业[①]

邓小平同志南方谈话和国务院批准洋浦港的开发，使海南的建设掀起了新热潮，也向海南的热带作物业提出了新的挑战。

一、历史地位与当前的困境

热带作物是海南农业的特点与优势。它的发展和海南的开发建设总是紧密相连的。早在中华人民共和国成立之初，国家处在经济恢复、百业待兴之际，中共中央决定在海南大力发展橡胶。随着国家经济建设的开展，其他多种热带作物也先后发展起来。党的十一届三中全会以后，在改革开放和建省创办经济大特区的新形势下，热带作物生产有了更迅速的发展。从以国营为主发展到民营普遍种植，从以橡胶为主发展到多种经营综合开发，从以种植为主发展到加工利用开发系列产品，无论在广度和深度上都向前迈进了一大步。至1990年海南省热带作物面积达662.3万亩，其中橡胶554万亩，年产干胶15.67万吨，其面积和产量分别占全国的62%和60%。其他热带作物在全国也占有相当大的比重，如咖啡的种植面积和产量分别占全国的63%和53%，胡椒的种植面

---

① 本文收录于1992年出版的《科技兴琼学术论文集》，为梁荫东和章汝先合作撰写。

积和产量分别占全国的77%和44%。有些作物如椰子、腰果、槟榔、油棕和可可等只能在海南生产，国内其他地区没有生产。海南已成为我国热带作物生产的主要基地，以其在国内独具优势的资源为国家建设和人民生活提供了重要原料和产品。至1990年累计为国家提供了干胶200多万吨，节省外汇20多亿美元；椰子系列产品不仅享誉全国，而且开始走向世界；还有其他多种热带作物产品，为我国社会主义建设作出了巨大贡献，在国内具有不可替代的地位。

海南是以农业生产为主的省份，1990年工农业总产值中，农业产值占58.6%（以当年价格计）。中华人民共和国成立以来，热带作物从无到有发展起来，其产值不断上升，至1970年已占农业总产值的27%，超过了林牧副渔业之合（20.8%）；1988年这一比值达到48.8%，超过了种植业（33.8%），接近农业产值的一半；1990年，热带作物业、种植业和林牧副渔业占农业产值比例分别为37.7%、31.5%和30.8%，1991年分别为36.4%、30.8%和32.8%，可见热带作物业在海南经济中所占的地位。

热带作物在海南的发展虽有40年的历史，但是作为海南的资源优势并未充分发挥，生产发展也不顺利，经受过种种挫折，生产起落不定。改革开放以来有很快的发展，形成一定的生产规模，出现了良好的势头，但在市场激烈竞争、国外产品源源涌进的冲击下，原本供不应求的热带作物产品，包括长期由国家统一购销的橡胶出现了严重滞销，价格猛跌，产品大量积压，生产出现回落。有的种植园撂荒，面积缩小。热带作物产值在海南国民经济中的比重出现明显下降，热带作物业陷入了困境，面临着严峻的挑战。

二、外部环境与内在因素

一向被认为得天独厚在国内占有突出优势的海南热带作物业出现目前的困境，既出乎人们的意料但也并非偶然，有其主客观原因。客观上是改革带来的经济环境变化的影响，主观上是热带作物生产自身的特点和条件的制约。弄清这些问题对于明确海南热带作物业今后的发展方向，采取相应的措施是十分必要的。出现目前困境的主要原因如下。

第一，进口产品的冲击，是造成国产热带作物产品积压的直接原因。橡胶是海南主要的热带作物产品，是国家紧缺的战略物资，长期受到国家保护，统一购销。但国产橡胶仅能满足国内需求量的约50%，每年需要进口20万吨左右。近几年随着改革开放，进口渠道放宽，由于国产橡胶价格较贵，进口量急剧增加。以"七五"时期进口量为例，1986年为21.1万吨（正常进口量），1987—1990年分别达到35万吨、36万吨、33万吨和42万吨，远远超过了正常需要量。其他热带作物产品（如咖啡、胡椒等）也曾发生过类似情况。

第二，销售渠道不畅通，市场波动大。跟自给半自给农业生产不同，热带作物都是商品性生产，除橡胶外，其他热带作物产品历来完全由市场调节，对市场的依赖性很大。改革开放以来热带作物生产发展很快，产量大幅增加。本来对于有11亿人口的国内大市场来说，海南的这些热带作物产品，应该是供不应求的，但由于流通渠道不畅，销售工作跟不上，加上地理位置限制，优势产品未能成为优势商品。曾经一度价格猛涨的产品，价格迅速跌落下来。例如，胡椒价格高时40元/公斤，1990年以来跌到8

元/公斤还滞销。益智价格高时28元/公斤，现在仅0.6元/公斤。咖啡、菠萝都出现类似情况。在价格高涨时生产者大量种植，甚至盲目发展，产量发展起来后价格低落，产品推销不出去，使种植者经济上受到重大损失，挫伤了积极性，导致种植园抛荒。

第三，生产周期长，投资回收慢，适应市场变化的能力差。居海南热带作物产值第一、第二位的橡胶、椰子生产周期几十年，非生产期长达7~8年。许多生产周期短的热带作物非生产期也有2~3年。在非生产期内只有投入，没有收益，资金回收慢，周转困难。特别是民营种植园，经营分散，管理粗放，基本上不存在产业经营，产量低，产值不高。国营农场职工工资提高，生产资料涨价，社会负担加重，致使热带作物生产的成本提高，效益降低，种植者获利很少，甚至无利可图，生产积极性必然受到打击。

第四，加工技术落后，综合利用率低，增值潜力未能有效发挥。大部分热带作物产品仅经过初加工，其多层次深加工和综合利用的巨大潜力没有被发挥。如橡胶、椰子几乎全身均可利用，而目前多是以原料产品的形态销售，许多可利用的副产品没有开发出来，不能充分利用，浪费比较大，综合利用率低，因此经济效益不高。

第五，自然条件的限制。海南地处热带北缘季风带，同典型热带地区相比，气候条件有一定差距。常有台风、冬季低温和干旱的不良影响。我国热带作物生产要获得与东南亚同样产量水平，需要付出更多的努力。我国热带地区土地有限，在世界上所占比例很小，所以海南热带作物生产无论在数量、质量和成本上同其他热带地区相比均处于劣势，产品缺乏竞争力，经受不住进口产品的冲击，近年连续几次台风灾害，更加剧了困难。

热带作物业所面临的问题，尽管也有环境条件的制约，生产管理的缺陷，但从实质上看是长期处在封闭状态下的自然经济在改革开放过程中过渡到商品经济，面对国际市场新形势出现的问题。因此，热带作物业要从根本上摆脱困境，就必须适应新的形势，提高产品质量与数量，降低成本，增强竞争能力。

三、认清形势，摆正位置，明确发展方向

如前所述，海南乃至全国热带作物生产无论是生产水平、生产规模与生产成本，还是环境条件，同世界主要热带作物产区相比尚处于不利地位，目前在国际市场上还缺乏竞争能力。但是，热带作物产品是国家工业、农业和国防建设的重要物资（如橡胶、硬质纤维等），也是人民生活的必需品。随着社会主义现代化的发展，人民生活水平的提高，尤其是在全国人民在解决温饱后向小康发展的进程中，对热带作物产品的需求会越来越大。近年来在正常需求量的情况下，我国每年从国外进口橡胶20多万吨，咖啡6000~7000吨，此外，可可、椰油、棕油、椰果等，都要花费大量外汇进口。因此，海南热带作物业的发展应该立足于国内，面向全国人民的需求，开拓内地市场，减少和替代进口产品，节省外汇。

海南是全国最大的热带宝地，是我国热带作物生产的重要基地，在国内有明显的区位优势，理应充分利用自己的优势，为国家作出贡献，这对海南的经济发展也十分必要。从土地利用的效益来看，热带作物远远超过一般种植业。根据海南统计年鉴的数据计算，1980年热带作物种植面积404万亩，种植业（不包括热带作物的耕地）面积669万亩，热带作物业面积是种植业面积的60.4%，而热带作物业的产值则为种植业的144%；1985年热带作

物业的面积和产值分别为种植业的 81.5% 和 133.6%；1990 年热带作物业的面积和产值分别是种植业的 101.5% 和 119.4%。而且热带作物多为多年生作物，不像一般农作物当年收获，例如，1990 年热带作物的收获面积只占种植面积的 43%，也就是说，不到种植业收获面积 50% 的热带作物产值超过了种植业产值的约 20%。如果把投入的劳动力和生产资料计算进去，其差别会更大。可见热带作物的效益远非一般农业可比拟。海南约 80% 的人口是农业人口，生产热带作物是发展农村经济、帮助农民脱贫致富、实现小康目标的重要途径。

我国农业从自给性生产转化为商品性生产，对农业生产的要求是在保证总产量不断增加的基础上，更着眼发展优质农产品和提高经济效益。热带作物商品率高，交换价值高，效益也比一般农业高，所以热带作物是海南发展高产、优质、高效农业的必然选择，应以此为契机，振兴热带作物业，走出困境。

当然，立足国内市场也同样面临进口产品的市场竞争。因此，海南的热带作物生产必须把降低成本、提高质量作为目标，才能在市场的激烈竞争中立于不败之地。立足国内，也要着眼于国外。世界热带地区基本都是发展中国家，不像发达国家有很高的农业生产水平。不少热带作物生产尚处在粗放管理，甚至半野生状态。我国除热带土地面积有限，生产规模不能同国外相比外，在科学技术、生产管理、产品开发等方面，依靠优越的社会制度和科技力量，是可以逐渐改变劣势地位，使热带作物产品进入国际市场的。事实上无论过去和现在我国都有热带作物产品出口。根据不完全统计，1982—1989 年，广东省剑麻出口总额为 7953.8 万元。其他热带作物产品，如咖啡、香茅油等早在 20 世纪 50—60 年代就已有出口。

总之，我们既不能脱离国际环境孤立地看待海南的热带作物优势，也不能因为出现当前的困境而否定热带作物在海南和全国的地位。要认清形势，摆正位置，正确选择发展方向，使热带作物产业健康、稳步发展。

四、高产优质高效地发展热带作物产业

（一）提高单产水平，扩大种植面积

海南土地面积5086万亩，其中热带作物宜植地1217万亩，即使全部种植热带作物也只占其土地面积的24%左右。至1990年实际种植面积662.3万亩，尚有45.6%未利用。在已种植的面积中，投产面积只有43%，而且单产水平低。据1990年统计，海南橡胶亩产55公斤，胡椒亩产56公斤，咖啡亩产7公斤，剑麻纤维亩产104公斤，椰子亩产404个，槟榔亩产166公斤，香茅油亩产8公斤，腰果亩产6公斤，距全国或本省先进水平还有相当大的差距。例如橡胶，云南全省平均亩产80公斤，海南有几个国营农场亩产达到100公斤左右。1989年，剑麻全国平均亩产156公斤，广西平均亩产160公斤，广东平均亩产182公斤。1989年，胡椒全国平均亩产74.9公斤，广东平均亩产134公斤。可见海南热带作物增产的潜力还很大。

因此，一方面应加强对现有热带作物的管理，使尚未投产的尽快投产，已投产的不断提高单产水平。另一方面应逐步将尚未种植的宜植地利用起来，有重点地发展，扩大热带作物种植面积，增加产品总量，以满足人民日益增长的需求。

近年来热带作物产品的滞销积压，并非由于生产过多，重要的原因是流通渠道不畅。加上橡胶以外的其他热带作物，特别是

民营的热带作物生产，零星分散，不成规模，形成不了"气候"。产品收购、加工、贮藏、包装、运输、质量检验等流通过程中的社会服务体系以及相应的配套措施都未能跟上。可以说，热带作物产品的积压实质上是因为目前的生产与流通在一定程度上还停留在自然经济状态，没有真正形成现代化商品生产与流通。

（二）提高土地利用率和生产率

海南热带作物资源优势，最终要落脚到土地的利用上，体现为单位面积土地的高产值、高效益。我国热带土地有限，特别宝贵，热带作物的产值和效益已显示出明显的优势。但从目前的实际看，潜力尚未充分发挥。土地撂荒，种植分散，管理粗放，技术落后，资金紧缺，劳动投入少而且不及时，非生产期不正常地延长，所以单产水平低，这对于光、热、水条件优越的热带土地是极大的浪费。要有效地利用热带作物土地资源，必须改变以往零星分散种植的方式，进行成片开发，建立有一定规模的生产基地，改变广种薄收、粗放管理或"只种，不管、等收"的习惯，实现"精种、勤管、丰收"。

同时，根据热带作物生长习性和特点，实行多层栽培，发展立体农业，形成多种经营。既有效地利用土地，提高土地产出率，又为劳动就业开辟了门路，还能提高种植园的抗灾能力和对市场的应变能力，提高经济效益、社会效益和生态效益。

（三）依靠科技进步，促进品种优质化，栽培科学化，加工现代化

首先，应加强生物技术、电子计算机技术和遥感技术在热带作物遗传育种、加工利用和贮藏保鲜领域的运用。目前已在生产

上推广应用组织培养技术，利用该技术快速繁殖的香蕉、椰子、菠萝、橡胶等优质种苗，可达到优质、高产和无病的标准。其次，应强化推广成熟的热带作物高产栽培技术，如橡胶亩产200公斤的综合高产技术、胡椒亩产500公斤的综合丰产技术等，改变栽培技术水平低的落后状况。最后，还应加强对热带作物产品的科学研究和技术开发，大力发展热带作物制品工业，进行热带作物产品的精细加工、深度加工，开发出适销对路的热带作物新产品，生产出更多有特色的名优产品投放市场，也为我国热带作物产品走向世界创造条件。天然椰汁的开发，橡胶木材的利用，都是很生动的例子。目前有些产品的加工技术落后，设备陈旧，初产品质量差，不符合深加工要求，这也是产品销售难的原因之一。应进行更新改造，采用先进技术，不断提高质量，适应市场需要。

（四）抓好流通，把产品优势变为商品优势和经济优势

流通渠道不畅是海南热带作物发展的一大障碍。热带作物生产都是商品生产，商品就必须通过市场实现其价值。商品的交换是在流通领域中实现的，海南由于交通不便，未能去占领、开发我国的广大市场，造成有限的热带作物产品积压。能否搞活流通渠道是发展热带作物产业的关键环节。因此，应采取多种方法，国营与民营企业并进，同我国大中城市挂钩，现货或期货供应，多途径、多渠道搞活流通，促进热带作物生产的发展。

海南大特区科技兴农考察报告[①]

科学技术是生产力，依靠科学技术可以振兴农业的观点，已为人们所接受。事实证明，科学技术对促进农业生产的发展起着重要的作用。目前在促进农业劳动生产率提高的诸多因素中，科学技术所起的作用，在发达国家占60%~80%。近二三十年来，发展中国家在依靠科学技术振兴农业方面，取得了举世瞩目的成就。印度从20世纪60年代中期开始推行以"绿色革命"为主要内容的农业技术改革，大大促进了农业生产的发展，使印度实现了粮食自给自足，而且从1978年开始出口粮食。在"绿色革命"的故乡——墨西哥，小麦单产于1952—1982年的30年内提高了将近4倍，玉米每公顷产量从1300公斤提高到6000公斤。马来西亚用高产无性系更新老橡胶园，使全国平均每公顷干胶产量由50年代的400~500公斤，提高到1984年的1420公斤（大橡胶园）和1127公斤（小橡胶园）。在中国，近年来科技兴农取得了丰硕的成果，例如，四川大巴山地区6个县的农民人均年纯收入由1984年不足120元增长到1989年的400元以上，95%的农民已脱贫。

近年来，科技兴农之火也在海南各地点燃，有些地方已初见成效或者出现了良好的势头。改革开放之风，让科技兴农之火越烧越旺，燃遍宝岛大地，这是时代赋予科技工作者的重任。为此，我们于1990年8月到乐东、保亭、通什等地进行了学习和考察。

---

① 本文为1990年作者参加海南科技兴农考察活动所撰写的考察报告。

现就海南科技兴农之现状、经验与问题，以及今后之对策略表意见。

一、海南农业生产的现状与特点

中华人民共和国成立 40 余年来，海南农业生产有了长足的发展，其特点如下。

第一，增长的幅度大、速度快，波动也很大。1953—1989 年，海南农业总产值平均年增长率 6.3%，高于全国的速率。1989 年农业总产值为 1952 年的 951.1%，其中粮食产量增长 2.67 倍，油料增长 5.4 倍，糖蔗增长 18.2 倍，水果增长 18.9 倍。热带作物种植面积从 37.8 万亩发展到 664.3 万亩，增长 17.6 倍，橡胶产量增长 341 倍，椰子产量增长 5 倍，槟榔产量增长 2.4 倍，其他热带作物则是在空白基础上发展起来的。但是，40 年来海南农业的发展，特别是热带作物生产的波动很大。

第二，农业是海南的基础产业，是海南经济的主体。1989 年海南工农业总产值中，农业总产值占 52%。经考察，乐东、保亭和通什农业总产值分别占当地工农业总产值的 68.7%、72.2% 和 30.8%；海南国民人均收入为 1142 元，乐东、保亭和通什分别为 965 元、963 元和 751 元，其中，农业收入占比全省为 60.2%，乐东为 71%，保亭为 76%，通什为 54%。海南农业人口占 80%，农业就业人数占社会劳动力的 70% 以上，出口总值中农产品和以农产品为原料的加工产品约占 70%。

第三，热带作物是海南的重要经济支柱，也是海南的优势产业。热带作物产品的产值占海南农业产值的 40% 左右（1988 年为 41.2%，1989 年为 38.9%），约占工农业总产值的 1/4。海南是我国热带作物的主要基地,橡胶的种植面积占全国的60%,产量占全国的2/3。椰子、腰果、可可等在我国只有海南能够生产。乐东是海南腰果的主要生产基地,腰果种植面积占全省的41%,产量占67.4%。保亭的橡胶在当地经济中占有重要位置。

第四,农作物单产水平低,增产潜力很大。据《中国农业年鉴1989》统计,海南几种主要农作物亩产量均低于全国平均水平,如稻谷亩产量是全国的51%,薯类是50%,花生是55%,糖蔗是64%(表1)。

表1 1989年海南省几种主要农作物平均单产水平

农作物	单产水平(公斤/亩)			
	海南省	乐东县	保亭县	通什市
粮食	187	190	177	205
油料	70	109	56	68
糖蔗	2431	2266	826	674
橡胶	54	61	53	57
椰子	43	130	65	82
胡椒	48	92	78	74
槟榔	188	483	199	118

海南虽然农业生产水平低,基础较差,但是自然条件优越,增产潜力很大。根据海南省委提出在3年内实现粮食基本自给的目标,粮食年总产量要达到20亿~22.5亿公斤,即在1989年的基础上年总产量增加5亿~7亿公斤,单产比现在提高25%左右。为了实现这一目标,科技兴农任务十分艰巨,意义重大,大有用武之地。

二、科技兴农探索了路子,取得了初步成效

改革开放以来,特别是海南建省创办经济特区以来,海南的

科技兴农工作受到各级政府的重视，依靠科技进步推动了农业生产的发展。

（一）初步建立起农业技术推广服务体系

海南建省以来，海南省各级政府和有关部门把建立健全农业技术推广服务体系作为科技兴农的大事来抓。在省政府设立了专门机构，从科研单位、高校及生产管理部门选派了科教人员到各县任科技副县长，以加强科技推广工作；各地都纷纷成立乡镇科普协会、农村专业研究会等。不少县市还聘用农民技术员进行科技推广。如昌江黎族自治县在全县 73 个管区聘用农民技术员当管区副主任和科普组长。琼海县（今琼海市）在全县 198 个乡各配 1 名农民技术员，负责农业科技的推广应用。

（二）大力开展科技培训，建立科技示范点

围绕农业开发项目和示范项目，各县有针对地对农民及各类人员进行技术培训。如乐东采取分级培训的办法，县政府负责乡镇主管农业的领导干部的技术培训，业务部门负责基层技术队伍的培训，科技部门负责对农村专业户、科技户和生产联合体的培训，农村科普协会或专业研究会负责对会员的培训。通过培训，提高了整个社会的科技文化水平。

为了引导广大农民走科技兴农、科技致富的道路，海南各县市都结合实际建立了科技示范点。如屯昌县把南昌镇加赖村建成科技示范村，进行粮食高产栽培技术、优良绿豆品种、畜禽疫病防治技术等的示范推广。1990 年年初，海南省委、省政府重视发挥样板的辐射作用，提出"抓好 1 万（亩），带动 10 万（亩），影响 100 万（亩）"的要求，分别在琼山、澄迈、临高、儋县、白

沙、乐东、海口等县市创办万亩高产示范粮田基地。这些基地1990年早稻平均亩产达到419公斤,有力地推动了水稻杂优品种的推广和耕作制度改革工作。

(三) 大力推广适用技术,加速农业开发

近年来,海南各县市进行了以改造中低产田为中心的农业综合开发。在大兴农田基本建设的基础上,着重抓了双季杂交稻的推广工作,推广先进栽培技术,提高单产水平;改革耕作制度,调整插秧期,提高复种指数。到1990年5月,已改良土壤20.4万亩,合理轮作20.9万亩,配方施肥36.9万亩,开发冬季农业28.9万亩,推广杂交水稻21.3万亩,推广杂交玉米4.04万亩,建立水稻良种繁育基地6200亩,为发展海南粮食生产打下了良好的基础。

许多县市充分利用本地自然优势和土地资源,依靠"两院"的科技力量建设生产基地。例如,乐东采取"五统一分"(统一规划,统一领导,统一技术,统一种苗,统一标准,分户管理)的办法,集中时间、资金和劳力,在永明乡和抱由镇建立了3700亩橡胶生产基地;通什采取统一规划,办基地、建农场,以场带户的办法,在毛阳镇建立了500亩橡胶生产基地;保亭采取县、乡(镇)、管区层层办集体橡胶场的做法,引导农民发展长期经济作物,开辟比较稳定的财源。海南各县市通过开发建设基地,壮大了集体经济,引导农民走共同富裕的道路。

三、存在的主要问题

海南在科技兴农方面虽然做了不少工作,打下了一定基础,但与全国先进地区相比,尚有较大的差距。主要是新技术应用不

广，技术落后，科技力量薄弱，投资少且使用不尽合理。海南是天然大温室，全国都来此制种、繁育良种，但海南自身的种植业尚未推广杂优水稻，农业生产中没有充分、广泛地应用先进技术，原始的刀耕火种在海南仍有阵地。海南农业科技人员少，每万名农业人口中专业技术人员不足 1 名，万亩耕地只有 0.5 名专业技术人员，分别远低于全国 4.8 人和 3.2 人的平均水平，乡镇一级从事农技推广的人员不到全国平均数量的 1/5，而且有继续减少的趋势。如保亭农业局 20 世纪 60 年代有农业科技人员 60 多人，而如今仅有 10 多人。由于人力严重不足，科技成果不能推广应用，成果应用率很低，一些群众性的、民办的科技组织流于形式。

海南存在农业投入少、基础设施差的问题。海南农业机械化程度、灌溉面积、化肥用量都大大低于全国平均水平。自然优势未能充分发挥，科技成果的应用受到限制。据资料显示，1986 年以来，海南每年有 40 多个"星火"项目，投资需要 500 多万元，实际不足 20 万元，杯水车薪，而各种支农资金由于多头管理，有的重复投放，未能充分有效地发挥作用。

四、工作建议

（一）加强科技兴农的计划与管理

科技兴农是海南实现农业现代化的一项长期战略任务，而不是临时应急措施和权宜之计。为使科技兴农沿着健康轨道发展，必须加强计划性，做好全面安排与规划，注意搞好以下几个结合。

第一，点与面相结合。海南农业基础差，资金短缺，大区域开发显然力不从心，若把有限的资金分摊到各处，势必延缓海南农业开发的进程。这就要求海南实施科技兴农战略时，不能急于求成，要讲求实效，打好基础，开拓引导，以点带面，由面成网，点与面相结合。宜选择若干个有代表性的典型小区域，把有限的财力、物力、人力和智力集中起来进行综合开发，利用当地优势资源，开发拳头产品和名优产品，形成支柱产业。通过支柱产业带动和促进其他产业的发展，以开发点和开发项目作为海南农村地区经济、社会开发的轴心和基点，由小到大，开发一片，成效一片，脱贫一片，逐步推进，辐射周围，走开发—积累—扩大再开发的良性发展道路。

第二，近期利益和长远利益相结合。科技兴农是一个循序渐进的发展过程，其效益也有一个由低到高的发展过程。海南科技兴农应坚持近期利益和长远利益相结合，既立足当前，抓近期利益，又着眼于长远，抓长期效益。因地制宜地落实各地科技兴农的任务、目标和措施，做到长计划短安排，分期分批实施，保证战略实施的连续性。就目前来说，要着重推广应用"短、平、快"的实用农业科学技术，把潜在的生产力转变成现实生产力，提高农业生产的集约程度和农业资源的集约利用程度，逐步形成规模经济和规模效益。从长远来看，要重视农用遗传工程、细胞工程等"高、精、尖"新技术的研究和应用，使这些技术从理论探索阶段迈向实用阶段的速度加快，使科技兴农迈向更高的层次。与此同时，要重视生产条件的改善和综合治理，重视农业基础设施的建设，增强农业发展的后劲。

第三，顺向开发与逆向开发相结合。从产业的开发顺序来看，农业开发一般分为两类：一是顺向开发（种养业—加工业），二是逆向开发（加工业—种养业）。顺向开发的好处在于能为加工业提供充足的原料，逆向开发的优点在于能通过加工业带动和促进种养业的发展，拓宽种养业的开发道路。海南科技兴农应兼顾顺向开发和逆向开发两个方面。就目前已经形成较大规模经营的种养业来说，应沿着顺向开发的方向，应用农业科技，大幅度地提高单位面积产量，提高劳动生产率，保证现有的加工业吃饱吃足。而对于现在尚未形成规模商品生产的种养业或待兴起的新兴作物，要采取逆向开发的办法，从开发新产品入手，致力于加工工艺和加工产品的研究，用科技进步拓宽产品的用途和销路，保证种养业的健康发展。

（二）完善科技兴农的运行机制

第一，调整投资机制。科技开发资金投入要实现3个转变：①由分散型转为集中型，把扶贫资金集中起来用于科技开发，最大限度地发挥投入资金的作用。②由盲目性转为明确性，对科技开发拨款、贷款，要协同财政部门、金融机构、技术开发单位对开发项目进行可行性论证，优化资金使用，杜绝领导一支笔草率决定的现象。③由资金单一型转为资金与技术配套型，注重开发项目的管理功能和科技作用，使农村经济开发变"资金热"为"科技热"和"管理热"，保证资金用到实处。

第二，引入市场机制。随着科技兴农的深入发展和农村经济实力的增强，要逐步将市场机制引入农村科技开发。一是要举办面向农村的技术市场，沟通科研与生产之间的渠道。二是采取优惠政策拓展人才市场，促进科技、管理人员流向农村，使农业科技人才在合理的流动中发挥最大的效能。

第三，建立激励机制。对科技兴农成绩优异者每年表彰奖励一次，凡在科技兴农中取得的重大成果则优先纳入省科技进步奖。改革技术职称的评聘工作，以参加科技兴农、技术开发的效益和解决生产技术难题的能力作为专业技术职务评聘条件之一。对参加科技兴农有突出贡献者要优先晋升聘用。建立科技兴农的评价指标体系，定期对农业科技开发进行检查督促，以激励重视科技开发的观念，提高科技开发的水平。

第四，重视科技立法。制定特区农业技术政策，在农业科技开发中，实行符合客观规律的"法治"，克服凭个人意志的"人治"。通过科技立法，建立科技人员以及农民技术员的教育、培养、使用、评聘、分配、奖励制度，以鼓励科技人员深入农村进行技术开发。建立科技投入倾斜政策，除每年增大科技投入外，可考虑征收科技兴农资金或从农业税收中拨一定比例的资金用于科技开发。

（三）重视智力开发，提高农业人口的素质

科技进步靠人来掌握和发展，科技兴农和教育兴农相伴随。因此，海南开展科技兴农必须重视智力开发，并注意抓好如下几个环节。

第一，普通教育和职业教育相结合。海南70%~80%的人口生活在农村，而农村教育事业远远落后于城市。海南现阶段的教育应是在稳定现有高等院校的基础上，兼顾普通教育与职业教育，重点发展中级、初级普通教育和农村教育，提高劳动者的知识水平和劳动技能。促进教育、科技与经济的协调发展。海南农村职业教育，一要注意发挥当地优势，二要注意从优化产业结构的角度来设置专业，三要借助现有大中专院校以及科研单位的力量，解决师资问题，提高办学质量。

第二，干部教育和农民教育相结合。当前海南农村突出的问题是管理层与生产层都不具备与科技兴农相适应的知识结构。农民在落后的生产方式、生活方式的基础上形成的心理素质、科技

素质、风俗习惯、情感信仰、观念形态都不利于科技的推广,也难于造就具有先进的意识以及先进的管理与技术水平的干部。因此,海南的智力开发,既要加强农村干部(尤其乡镇一级)的教育,也要重视农民的教育,逐步提高其生产技能和管理水平。

第三,技术教育和经营管理教育相结合。科技进步不仅靠技术取胜,还要靠管理出效益。近年我国台湾农业教育适应形势需要转到以经营管理为主的发展战略就是佐证。农村实行联产承包责任制后,农民既是生产者,又是管理者和决策者,这就不仅需要掌握先进的技术,而且要善于经营,尤其是海南实行对外开放,在扑朔迷离的世界市场风云中谋求发展,后者显得更为重要。海南农村教育实行技术教育和经营教育并重的政策是经济特区农业发展的现实需要。

(四) 健全科技兴农的服务体系

第一,完善农业科技推广网络。农业科技推广体系是农村迅速、及时、有效地吸收与传递农业科技的重要保证。因此,海南应适应农村联产承包制的要求,尽快地组建农民自办农技协会(研究会)、乡镇级农技推广服务站、县级农技推广服务中心、高等院校和科研单位服务点等,形成多层次、多形式、多功能和社会化的技术推广服务网。

第二,建设科技开发区和示范村(户)。海南农村经济较落后,资金匮乏,实施科技兴农应注意区域开发和建立科技开发示范村(户)相结合,在条件适宜的地区实行科技综合开发,开发一块、成效一块,借此辐射全省。与此同时,每年挑选一批文化水平、经营水平、技术水平较高的村或专业户,作为农村科技开发的示范点,逐步形成、壮大科技开发的有生力量。

第三，健全科技兴农服务体系。一要充分利用全省各级技术开发单位、情报机构、高等院校和科研单位，形成情报信息网络，为开发提供信息服务。二是要做到从种植到产品销售及加工服务等环节畅通无阻，保证科技兴农所需要的物质、资金、技术，形成产、供、销一体化的服务体系。

我国天然橡胶及其科教事业发展 60 年[①]

（一）

南下琼州五十春，栽培胶树历艰辛。
台风寒害两相袭，人祸天灾双降临。
儋州立业坚意志，宝岛生根长精神。
喜看胶林绿如海，南疆遍布宝岛人。

（二）

回眸往事情激荡，昔日艰辛事业成。
斩棘披荆创基业，战天斗地扎大营。
科教生产三结合，培树育人并丰盈。
频频捷报传硕果，学术中心扬美名。

（三）

携手共进五十年，科教事业大有成。
而今分道图发展，各自谱写新章篇。

[①] 本组诗歌为祝贺 2007 年华南热带农业大学与海南大学合并而赋。

格　　言

- 改革如江河奔流，有曲折，甚至有回流，还夹带有泥沙；然而，它滚滚向前，奔腾不息，不能堵塞，更不可遏止。

- 不必悔恨过去，切实把握现在，努力创造未来。

- 书，滋补你的心智，是工作的参谋，是生活的伙伴，帮你在彷徨中明确方向，让你在困惑中受到激励，是发展的资本，创新的前提。

- 人贵有自知之明，正确认识自己，摆正自己的位置，在荣誉、职务、待遇面前不计较个人得失，不与人攀比，更不要忌妒，也不必自我愧疚，这样就不会自寻烦恼，做到知足常乐。

- 青年人，要有坚定的信念，不断地追求目标，经受挫折与磨炼，适应各种生活环境，把自己培养成为知识渊博、情操高尚、思维敏捷、有教养的一代新人。

附录1 中国热带农业科学院科研机构名称对照表

中国热带农业科学院科研机构名称对照表

全称	曾用名	简称	备注
热带作物品种资源研究所	热带作物研究所	热作所	热作所后扩建为热带园艺所和热带农牧所,之后两个所又合并为热带作物品种资源研究所
	热带园艺研究所	热带园艺所	
	热带农牧研究所	热带农牧所	
橡胶研究所	橡胶栽培研究所	橡胶所	
香料饮料研究所	热带香料饮料作物研究所	香饮所	
南亚热带作物研究所		南亚所	
农产品加工研究所	华南热带农产品加工设计研究所	加工所	
热带生物技术研究所	热带作物生物技术国家重点实验室	生物所	热带作物生物技术国家重点实验室(曾用名)简称生物重点实验室
环境与植物保护研究所	植物保护研究所	植保所	
椰子研究所		椰子所	
农业机械研究所	华南热带农业机械研究所	热机所	
科技信息研究所			
分析测试中心			
海口实验站			
湛江实验站			
广州实验站			
热带作物区划办		区划办	已撤销

附录 2　未收入本书的其他文章与著作名录

独撰或主编的作品

- 《椰子犀甲为害习性的调查和观察》
- 《椰子穗螟的调查、观察和防治试验》

首次发表于《华南热带作物科学研究所 1959 年研究报告集》

- 《改革创新，促进热带作物科技发展》

首次发表于 1984 年第 5 期《农业科技管理》

- 《黄宗道传（中国现代农学家传·第二卷）》

湖南科技出版社 1989 出版

- 《中国热带农业科学院·华南热带农业大学院校志》

主编：梁荫东，副主编：莫善文、林火生

- 《风范长存——纪念老院长黄宗道院士逝世一周年》

首次发表于 2004 年 3 月 12 日《热农院校报》

参与写作的文章

- 《科技兴农的辩证法》

首次发表于 1991 年第 2 期《海南经济》，作者：莫善文、梁

荫东

- 《种胶与买胶辩》

首次发表于 1991 年第 2 期《热带作物研究》，作者：莫善文、梁荫东

- 《海南热带作物业的历史地位与发展前景》

首次发表于 1992 年第 4 期《海南经济》，作者：章汝先、梁荫东

- 《中国热带作物栽培学》

中国农业出版社 1998 出版，主编：潘衍庆，第一副主编：梁荫东

- 《关于加强对云南天然橡胶发展中有关科技问题研究的建议》

作者：张开明、吴云通、王秉忠、梁荫东

- 《湛江市三高农业考察报告》

首次发表于 1995 年第 2 期《热带作物研究》，作者：支小纪、莫善文、梁荫东等

- 《海南热带植物隔离检疫圃经营改革的设想》

作者：王秉中、张开明、梁荫东

- 《关于琼台农业合作示范区建设项目的论证意见》

成稿于 2000 年 5 月

- 《关于海南东泰农业开发有限公司进口椰子种果的风险性评估意见》

成稿于 2001 年 3 月，作者：张开明、毛祖舜、梁荫东

- 《椰子评估报告》

成稿于 2002 年 9 月，作者：张开明、毛祖舜、梁荫东

- 《关于海南东泰农业开发有限公司进口椰子种果苗危险性病

虫的跟踪检验报告及建议》

成稿于2003年6月，作者：张开明、毛祖舜、梁荫东

- 《海南宝安农场休闲庄园规划设计及论证》

成稿于2003年6月，作者：王秉忠、吴云通、梁荫东

- 《关于加强我国"胶木兼优"橡胶树开发利用的建议》

提交农业部农垦局

- 《我国热带作物的科学技术新进展》

2005年8月由联合写作组提交中国科学技术协会

- 《速生高产用材橡胶树品种调查报告及速生栽培试验方案设计》

海南省林业局对外合作项目方案

译作

- 《马来亚橡胶栽培手册》"害虫"章节的部分内容

农业出版社1963年出版

- 《椰子受犀甲损害估计的初步探讨》

首次发表于1964年第1期《热带作物译丛》

- 《幼龄胶园茅草的防治》

首次发表于1979年第4期《热带作物译丛》

- 《用抑芽丹防止豆科覆盖作物侵入橡胶和油棕根圈的初步研究》

首次发表于1979年第4期《热带作物译丛》

- 《用杀螟威保护剂防治幼龄油棕园的犀甲》

首次发表于1980年第3期《热带作物译丛》

- 《椰子堆砂蛀蛾研究综述》

首次发表于 1982 年第 1 期《热带作物译丛》

- 《热带作物生态生理学》第九章"咖啡"及第十六章"香蕉"

中国农业出版社 1984 年出版

- 《油棕》第十三章"虫害"

华侨农场管理局、中国热带作物学会 1987 年发布

附录3　书法作品

思於成行　梁荫东书

业精於勤　行成於思　止於至善

智者勇　仁者寿　梁荫东书

奠定科教基础　开创改革航程　纪念邓小平诞辰一百周年　梁荫东书

附录3　书法作品

才饮长沙水又食武昌鱼万里长江横渡极目楚天舒不管风吹浪打胜似闲庭信步今日得宽余子在川上曰逝者如斯夫风樯动龟蛇静起宏图一桥飞架南北天堑变通途更立西江石壁截断巫山云雨高峡出平湖神女应无恙当惊世界殊

毛泽东　水调歌头 游泳　梁荫东书

北国风光千里冰封万里雪飘望长城内外惟余莽莽大河上下顿失滔滔山舞银蛇原驰蜡象欲与天公试比高须晴日看红装素裹分外妖娆江山如此多娇引无数英雄竞折腰昔秦皇汉武略输文彩唐宗宋祖稍逊风骚一代天骄成吉思汗只识弯弓射大雕俱往矣数风流人物还看今朝

毛泽东词 沁园春 雪　一九九四年岁末 梁荫东书

明月几时有把酒问青天不知天上宫阙今夕是何年我欲乘风归去又恐琼楼玉宇高处不胜寒起舞弄清影何似在人间转朱阁低绮户照无眠不应有恨何事长向别时圆人有悲欢离合月有阴晴圆缺此事古难全但愿人长久千里共婵娟

苏轼　水调歌头　梁荫东书

故人西辞黄鹤楼烟花三月下扬州孤帆远影碧空近唯有长江天际流

梁荫东书　壬午年七十才生日

热土耕耘

渊明独爱菊，自李唐来世人甚爱牡丹。予独爱莲之出淤泥而不染，濯清涟而不妖，中通外直，不蔓不枝，香远益清，亭亭净植，可远观而不可亵玩焉。

予谓菊，花之隐逸者也；牡丹，花之富贵者也；莲，花之君子者也。噫！菊之爱，陶后鲜有闻；莲之爱，同予者何人？牡丹之爱，宜乎众矣。

周敦颐《爱莲说》 梁荫东书

闲来无事不从容，睡觉东窗日已红。万物静观皆自得，四时佳兴与人同。道通天地有形外，思入风云变态中。富贵不淫贫贱乐，男儿到此是豪雄。

程颢 偶成 一九九五年一月五日 梁荫东书

老当益壮宁移白首之心 穷且益坚不坠青云之志
坚定信念追求目标经受磨炼适应环境

为思宇阳鹏考上重点高中而题 梁荫东书 二〇〇六年八月

附录3　书法作品

热土耕耘

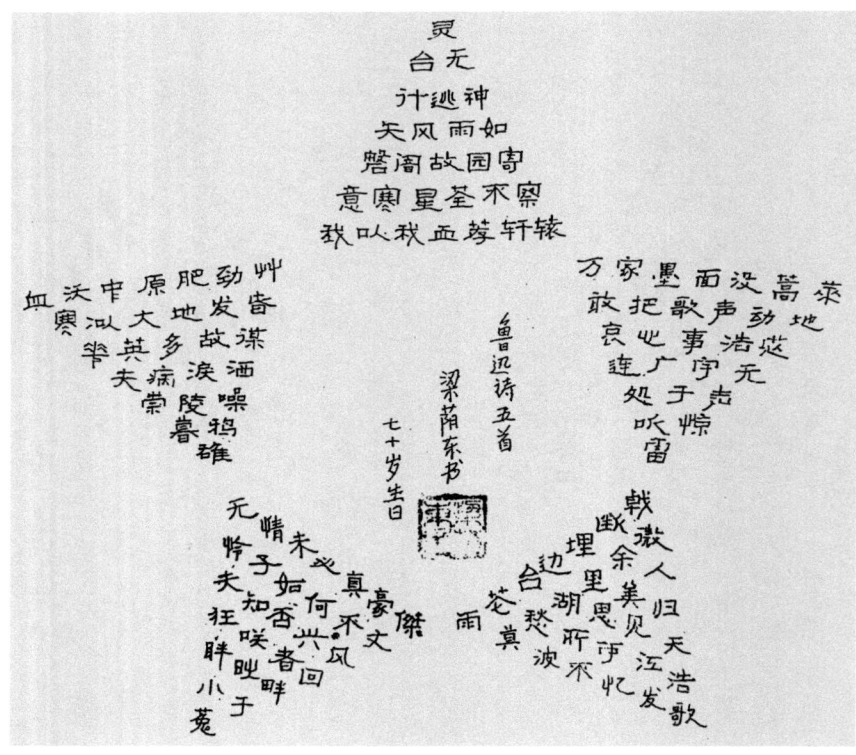